Christian Feldmann

Elie Wiesel – ein Leben
gegen die Gleichgültigkeit

HERDER / SPEKTRUM

Band 4705

Das Buch

„Geschichten gegen die Melancholie" will er erzählen und zugleich die Chronik des verdrängten Grauens. Elie Wiesel, geboren 1928, hat Auschwitz überlebt. Heute kämpft der Schriftsteller, Talmudlehrer, Professor und Friedensnobelpreisträger gegen das Vergessen und für die verrückte Hoffnung auf eine menschlichere Welt. Die traumatischen eigenen Erfahrungen in den Vernichtungslagern haben ihn erst einmal für ein Jahrzehnt stumm gemacht: Wenn er an die lebendig verbrannten kleinen Kinder und an die totgeprügelten Greise dachte, fürchtete er wahnsinnig zu werden. Doch dann begriff er, daß er reden mußte. Daß er am Leben geblieben war, um Zeugnis abzulegen: „Um jene Opfer dem Vergessen zu entreißen. Um den Toten zu helfen, den Tod zu bezwingen." Und um eine Wiederholung des Schreckens zu verhindern. Seither engagiert er sich überall an den internationalen Konfliktherden, mischt sich ein, wo er Rassismus und Ausgrenzung von Menschen am Werk sieht, ergreift Partei, warnt vor einem „nuklearen Holocaust".
Diese erste umfassende Biographie in deutscher Sprache erzählt Elie Wiesels abenteuerliches Leben, ohne Brüche und Widersprüche auszublenden. Sie schildert die Kindheit im „Schtetl" und die Deportation nach Auschwitz, die Jahre als UNO-Berichterstatter in New York, die journalistischen Kontakte mit den Machtzentren der Welt, die Freundschaften mit Golda Meir, François Mitterrand und Kardinal Lustiger, die Konflikte mit US-Präsident Reagan und Bundeskanzler Kohl, das ambivalente Verhältnis zur deutschen Wiedervereinigung und seine umstrittene, kritische Treue zum Staat Israel. Ein Buch auch über die Abgründe unserer Zeit. Aber vor allem die spannende Reportage über einen großen, menschlichen Zeugen unseres Jahrhunderts.

Der Autor

Christian Feldmann, geboren 1950, lebt als Schriftsteller, Rundfunkautor und Theologe in Regensburg. Zahlreiche, teils mehrfach übersetzte Biographien und Portraitsammlungen. Bei Herder/Spektrum: Hildegard von Bingen – Nonne und Genie (Band 4435); Wir hätten schreien müssen – Das Leben des Dietrich Bonhoeffer (Band 4610).

Christian Feldmann

Elie Wiesel – ein Leben gegen die Gleichgültigkeit

Herder

Freiburg · Basel · Wien

Gedruckt auf umweltfreundlichem,
chlorfrei gebleichtem Papier

Originalausgabe

Alle Rechte vorbehalten – Printed in Germany
© Verlag Herder Freiburg im Breisgau 1998
Herstellung: Freiburger Graphische Betriebe 1998
Umschlaggestaltung: Joseph Pölzelbauer
Umschlagfoto: Reinhold Boschki
ISBN: 3-451-04705-5

INHALT

„Hitler hat den Menschen im Stande ihrer Unfreiheit
einen neuen kategorischen Imperativ aufgezwungen:
ihr Denken und Handeln so einzurichten,
daß Auschwitz sich nicht wiederhole,
nichts Ähnliches geschehe."

THEODOR W. ADORNO

„Wir müssen dem Menschen zum Trotz
an den Menschen glauben."

ELIE WIESEL

Mit fünfzehn Jahren glaubt man nicht mehr an den Weihnachtsmann. Ein richtiger jüdischer Junge hat das ohnehin nie getan.

Mit fünfzehn Jahren ist man schon ein wenig abgebrüht und hat eine Menge naiver Hoffnungen verloren. Mit fünfzehn weiß man, daß die Welt nicht einfach gut ist, daß die meisten Menschen schwach sind und ein paar von ihnen entsetzlich gemein.

Doch was der 15jährige Elie Wiesel bei seiner Ankunft im Konzentrationslager Auschwitz im Frühjahr 1944 sehen mußte, hat aus seinem Leben, wie er es später ausdrückt, „eine siebenmal verriegelte lange Nacht" gemacht. Es stank nach verbranntem Fleisch, als er mit den anderen Deportierten aus dem Viehwagen stieg. Aus himmelhohen Schornsteinen regnete grauschwarze Asche auf die Neuankömmlinge nieder. Denn weil die Gaskammern nicht schnell genug funktionierten, war die SS dazu übergegangen, die viel zu zahlreich eingelieferten Kinder lebendig in das offene Feuer der Krematorien zu werfen. Kinder waren nicht als Arbeitskräfte zu gebrauchen. Nutzloses jüdisches Fleisch.

„Nie werde ich diesen Rauch vergessen", gibt Elie zehn Jahre später zu Protokoll.

„Nie werde ich die kleinen Gesichter der Kinder vergessen, deren Körper vor meinen Augen als Spiralen zum blauen Himmel aufstiegen.

Nie werde ich die Flammen vergessen, die meinen Glauben für immer verzehrten.

Nie werde ich das nächtliche Schweigen vergessen, das mich in alle Ewigkeit um die Lust am Leben gebracht hat.

Nie werde ich die Augenblicke vergessen, die meinen Gott und meine Seele mordeten, und meine Träume, die das Antlitz der Wüste annahmen.

Nie werde ich das vergessen, und wenn ich dazu ver-urteilt wäre, so lange wie Gott zu leben. Nie."

Das könne doch nicht sein, mitten im 20.Jahrhundert, sagte der 15jährige Elie damals in tödlichem Erschrecken zu seinem Vater. Die Welt werde das nicht zulassen.

Doch die Welt schwieg.

Und deshalb begann der Knabe Elie um so lauter zu reden, als er erwachsen geworden war. Warum er die grauenvollen Erlebnisse immer wieder erzählen muß, das begründet er heute damit, daß er zufällig am Leben geblieben ist: „Ich habe überlebt, doch ich habe nichts dafür getan, ich war zu furchtsam, zu schwach, zu jung. (...) Ich habe überlebt, also muß ich etwas tun, etwas anfangen mit diesem Leben, das ich wie ein Geschenk empfangen habe."

Was er in Auschwitz durchgemacht hat, beurteilt er eher nüchtern. Erlebtes Leiden verleihe kein besonderes Privileg. Man solle darüber nur sprechen, um das Leiden anderer zu verhindern. Wiesel: „Als ich Hilfe brauchte, war niemand da. Als wir Juden Hilfe brauchten, waren wir allein, gezeichnet für den Tod und durch den Tod. Niemand kam, uns zu retten. Aus diesem Grund müssen wir alles tun für die andern."

I
NACHT:

Ein Kind in der Hölle von Auschwitz

> *„Wir werden stets auf jenes unsich-*
> *bare Mysterium starren, wo Gott und*
> *Mensch sich voller Entsetzen in die Augen*
> *schauten."*

Der Kronzeuge des Grauens stammt aus einer heilen
Welt: Eliezer Wiesel – „Leizer" rufen ihn die Eltern und
Geschwister – wurde am 30. September 1928 in dem Kar-
patenstädtchen Sighet geboren, im Herzen des Balkans.
Den Namen der Sighet umgebenden Landschaft, Trans-
sylvanien, kennt man aus Vampirfilmen als Heimat des
Grafen Dracula und seiner Schreckensbrut.

Doch Sighet hatte nichts Unheimliches an sich. Es
war der Inbegriff des ostjüdischen Schtetls mit Synagogen, koscheren Lebensmittelgeschäften und buntem
Markttreiben. Sighet gehörte damals zum Königreich
Groß-Rumänien, später zu Ungarn, es war schon einmal
österreichisch gewesen und auch türkisch, es wurde von
Hitler-Deutschland annektiert, dann von der UdSSR,
heute ist es wieder rumänisch. In Elies Familie sprach
man Jiddisch, Rumänisch, Deutsch, Ungarisch; im Laden, den der Vater betrieb, hörte er auch Ukrainisch, Rus-
sisch, Ruthenisch.

Eine „kleine, staubige Stadt" (Wiesel), deren Bevölkerung zu einem Drittel aus Juden bestand. Regelmäßig am
Freitagabend fühlten sich auch die ärmsten Schuhmacher
und Tagelöhner der jüdischen Gemeinde als Fürsten. Der
Schabbat brach an!

„Wie ein Mantel aus violetter Seide", so schildert Wiesels Roman *Gezeiten des Schweigens* das allwöchentliche Wunder, „senkte sich der Abend des Freitags auf die Stadt nieder, die ihr Gesicht zusehends veränderte. Die Kaufleute schlossen ihre Läden, die Kutscher fuhren nach Hause, sie hatten keine Fahrgäste mehr, und die Frommen strebten dem rituellen Bad zu, um ihren Körper zu reinigen. Der Schabbat gleicht einer Königin: Es ziemt sich, an Leib und Seele rein zu sein, um sie würdig zu empfangen. Der Schabbat ist das Wesen des Judentums, er ist die göttliche Offenbarung in der Zeit. Aus Fenstern und halbgeöffneten Türen klang von überallher das gleiche Lied des Willkommens in die verlassenen Straßen: ,Friede mit euch, ihr Engel des Friedens; Friede bei eurem Kommen und Friede bei eurem Gehen! '"

Schon der kleine Elie lebte ganz bewußt im Strom der jüdischen Geschichte. Am Morgen des *Schawuot*-Festes stand er am Berg Sinai, mit Mose, der dort die Gesetzestafeln empfing. In der *Chanukka*-Woche kam er selbstverständlich den Makkabäern bei ihrem Freiheitskampf zu Hilfe. Und Woche um Woche, wenn Schabbat gefeiert wurde, zog er mit seinem Volk aus Ägypten aus; „ich hörte nie auf, Ägypten zu verlassen, mich von der Sklaverei zu befreien. Jude sein bedeutete, Bindungen schaffen, die Kontinuität erhalten zu wollen."

Am Freitagabend brauchte in Sighet niemand Hunger zu leiden. Bettler, durchreisende Fremde wurden zum Schabbatmahl eingeladen, wie es die Tradition vorschreibt. „Eine Familie", weiß Elie Wiesel, „an deren Tisch kein Armer sitzt, fühlt sich befangen, schuldig."

Goethe und Großvater Dodyes Geige

„Wie stellt man es an, um im Winter im Grab nicht zu frieren?" hatte Elie einst von seiner Großmutter wissen wollen. Eine Frage, wie sie nur Kinder stellen, verrückt und logisch zugleich.

Die Großmutter, eine einfache Frau, aber in den elementaren Dingen überaus weise, fand so eine Frage völlig normal. „Wer Gott nicht vergißt, friert auch im Grab nicht", gab sie überzeugt zur Antwort. Elie ließ nicht locker und präzisierte das Problem: „Wer hält ihn warm?" Da huschte ein bezauberndes Lächeln über die Runzeln der einfachen Frau, ihre Stimme sank zu einem Flüstern herab, und sie raunte dem Enkel zu: „Der liebe Gott."

In dieser Familie muß das Kind schon früh eine ganze Welt gefunden haben. Die Mutter Sarah, schön und zärtlich, liebte die klassische deutsche Literatur, zitierte lange Goethe-Passagen auswendig und sang ihrem Leizer abends zum Einschlafen jiddische Wiegenlieder vor:

„Oifn pripitschik brent a faierle …
Im Ofen brennt ein Feuer und macht das Zimmer warm.
Und der Rabbi lehrt seine Kinder das Alphabet …"

Sarah Wiesel glaubte unerschütterlich an das Kommen des Messias. Ihrem Kind würde nichts Böses geschehen, denn der Messias würde rechtzeitig erscheinen, um es zu beschützen. „Und was war mit den Antisemiten?" fragt Elie im Rückblick. „Sie waren bereits zu Lebzeiten verdammt, ohnmächtige Schurken. Mit einem Augenzwinkern schlüge der Messias sie in die Flucht."

„Oft erzählte sie mir", berichtet Elie, „der berühmte

Rabbi Mosche d'Uhel gehe nie zu Bett, ohne vorher seinen Festanzug herausgelegt zu haben. Falls er nachts geweckt würde,um den Erlöser zu empfangen, würde er auf diese Weise keine Zeit verlieren (...) Der Rabbi ist tot, Mama ist tot, und der Messias ist nicht gekommen."

Seltener sprach sein Vater Schlomo von Gott, ein nüchterner, auch von christlichen Mitbürgern geschätzter Geschäftsmann. Die Mutter weihe Gott alle Gebärden und Gedanken, wird Elie später in einem stark autobiographisch gefärbten Roman sinnieren. „Mein Vater betet die Vernunft an. Er verbringt seine Zeit damit, alles in Frage zu stellen. Um Frieden zwischen ihnen zu stiften, habe ich ihnen versprochen, Philosophie und Religion zu studieren."

In Wirklichkeit hatte Schlomo gar keine Zeit zum ständigen Philosophieren. Sein Kramladen, in dem es einfach alles gab, war bis spät in die Nacht geöffnet; oft mußten ihn aber seine Frau Sarah oder die Töchter Bea und Hilde vertreten, weil er unterwegs zu irgendwelchen Sitzungen und Versammlungen war. Der Gemeinderat von Sighet wandte sich vor allem bei sozialen Härtefällen gern an Schlomo, weil er hilfsbereit und erfinderisch war. „Die Woche über", erinnert sich Elie, „pendelte er, schlecht gekleidet, sorgenvoll, aber stets gesprächig, zwischen unserem Laden, wo er mit seinen Kunden ebenso gern plauderte, wie er ihnen Lebensmittel verkaufte, und den städtischen Ämtern, wo er sich listenreich für jüdische Häftlinge und Flüchtlinge einsetzte, um sie vor der drohenden Ausweisung zu bewahren." Nur am Samstag und an den hohen Feiertagen zog er sich zurück, um sich mit Geschichte und Psychologie zu beschäftigen – und mit dem Talmud.

Reich waren die Wiesels nicht. „Wenn Kirschen gekauft wurden, bekam jeder zehn Stück", erzählt Elie.

„Drei Aprikosen, ein Stück Wasser- oder Honigmelone an einem Sommerabend, das war schon ein seltener Luxus." Stundenlang hätten die Eltern beraten, ob man sich einen neuen Ofen leisten könne oder den notwendigen neuen Wintermantel für seine kleine Schwester Tsipora. Aber obwohl sie sich am Monatsende häufig Geld borgen mußten, teilten sie ihr Brot mit jedem Hilfsbedürftigen.

Der Großvater dagegen verkörperte die chassidische Tradition mit ihrer glühenden Frömmigkeit und ihren ekstatischen Tänzen. Während man am Osterfest die Fensterläden lieber vor den christlichen Nachbarn verschloß und betrunkene rumänische Bauern, vom Auferstehungsgottesdienst kommend, jüdische Passanten voll frommer Inbrunst zusammenschlugen – die heile Welt hatte ihre Bruchstellen –, hielten die Chassidim die Hoffnung lebendig: Freude am Dasein, unverbrüchliche Freundschaft unter Menschen und ein grenzenloses Vertrauen auf Gott in aller Gefährdung.

So ein Chassid war Dodye Feig, Elies Großvater (Dodye heißt „kleiner David"). Ihn liebte er abgöttisch, an seinen Lippen hing er, wenn er Geschichten erzählte und die Welt mit seinen Märchen verzauberte. Einmal hatte ihm Dodye anvertraut, wie sein eigener Vater noch als Siebzigjähriger Geige spielen lernte, wie er nachts heimlich bei einem Roma Unterricht nahm und sich mit fast 90 Jahren, als er den Tod spürte, von seiner Familie wünschte, sie möge ihm die Geige mit ins Grab geben: Wenn ihm der himmlische Richter dann seine Sünden vorhalte, werde er einfach zu geigen beginnen und ihn damit gewiß barmherzig stimmen ... So waren sie, die Chassidim, verspielt wie die Kinder und weise wie alte Könige.

Der Großvater wußte, wie man das Feld bestellte, ein störrisches Pferd bändigte oder mit einem Betrunkenen im Dorfwirtshaus fertig wurde. Doch er war auch ungemein belesen in den heiligen Schriften und bekam Besuch von berühmten Rabbinen. Er kannte zahllose chassidische Lieder und geheimnisvolle Legenden von Prinzen und Wundertätern. „Mein Großvater verband seine Suche nach dem Heiligen auf vollkommene Weise mit den Erfordernissen des alltäglichen Lebens", urteilt Elie in seiner Autobiographie und erinnert sich mit melancholischer Zärtlichkeit daran, wie ihn der alte Mann in der Synagoge schützend unter seinen Gebetsmantel zog. „Er gibt mir die Kraft, er zwingt mich, das Leben zu lieben, es als Jude anzunehmen und aus ihm ein Fest für das jüdische Volk zu machen."

Die Schritte des Messias in der Nacht

Elie geriet seinem Großvater nach. Der blasse, etwas schüchterne Junge begeisterte sich mehr für die mystische Geheimlehre der *Kabbala* als für das nüchterne Talmudstudium. Am liebsten wäre er ein *Maggid* geworden, ein Wanderrabbi, wie sie auch nach Sighet kamen und die Leute mit ihren dunklen Gleichnissen verzückten. Den *Cheder*, den jüdischen Kindergarten, in dem bereits Lesen und Schreiben und die Anfangsgründe der Religion unterrichtet werden, hatte er alles andere als geliebt; jeden Morgen erfand er eine neue Krankheit, um zu Hause bei der Mutter bleiben zu können.

Seine Lehrer scheinen auch keine besonderen pädagogischen Fähigkeiten besessen zu haben; einer war uralt, gütig, aber etwas senil und nicht sehr erfolgreich beim Vermitteln des Alphabets, der nächste ein verbitterter Krüppel, der zuschlug und Wutanfälle bekam, wenn die Kinder die 613 Gebote der *Torah* nicht fehlerfrei auswendig hersagen konnten; der dritte war für seine Ohrfeigen berüchtigt und für seine furchterregenden Phantasien vom Jüngsten Gericht, die er am liebsten in der Dämmerung ausspann, wenn sich in den finsteren Winkeln der Schulstube die Nachtgespenster einzunisten schienen.

„Kinder, hier habt ihr den Anfang und das Ende aller Dinge", hatte der „Batiser Rebbe" gesagt, als er mit dem Unterricht im Alphabet begann, denn für die Juden sind Worte etwas Heiliges und die unscheinbaren Buchstaben eine Botschaft von Gott, ein Schlüssel zur Ewigkeit. „Geht achtsam damit um, dann werden sie auf euch achtgeben!"

Als Elie etwas älter war, begann er den Rabbi zu verstehen. Er tauchte in die alten Texte des Talmud ein und entdeckte das Königreich der Sprache. „Ohne mich von der Stelle zu rühren, streifte ich durch sichtbare und unsichtbare Welten. Ich war an zwei, an tausend Orten gleichzeitig, machte tausend Dinge auf einmal. Ich war im Anfang, bei Adam, kaum daß er auf die im Licht erstrahlende Welt gekommen war. Ich war mit Mose unter dem Flammenhimmel am Berg Sinai. Ich pickte einen Satz, eine Geschichte heraus, und schon ließ ich alle Entfernungen hinter mir."

Die *Kabbala* ist nichts anderes als der großartige Versuch, hinter die Buchstaben und Wörter zu schauen, den verborgenen Sinn der alten Geschichten zu entschlüsseln. Für einen frommen Juden ein Ausdruck der Sehnsucht nach dem Himmel – und gleichzeitig eine gefährliche Sache: der Versuch, dem Schöpfer der Welt in die Karten zu schauen, Dinge zu enthüllen, die dem Menschen verborgen bleiben sollen.

In der spätmittelalterlichen Kabbala entstand die Theorie von den „göttlichen Funken" in der Schöpfung: Bei der Erschaffung der Welt ist Gott ein Mißgeschick passiert. Die Gefäße, in denen er sein Licht aufbewahrt hat, sind zerbrochen und seine Funken in alle Winde zerstoben. Aufgabe des Menschen ist es nun, diese Lichtfunken zu sammeln und an ihren ursprünglichen Ort zurückzuführen – eine Vorstellung von Erlösung, die stark in geschichtlichen Dimensionen denkt und sich gut mit „irdischen" Evolutions- und Fortschrittsmodellen vereinbaren läßt.

Aber wie soll das gehen, die Funken des göttlichen Schöpfungslichts einzufangen, die Reinheit des Anfangs wiederherzustellen? Wie kann der armselige Mensch zuwege bringen, was dem Allmächtigen mißlungen ist? Er muß sich nur genug anstrengen beim Beten und Studieren und Fasten, behauptet die jüdische Mystik mit ihrem auffallenden Respekt vor menschlichen Stärken.

In seiner Autobiographie berichtet Elie dezent von den Strategien, mit denen er und seine Freunde damals versuchten, den Himmel zu bezwingen, zweimal pro Woche fastend und bis Mitternacht in rätselhaften Büchern lesend: „Wenn man beim Gebet und beim Nachdenken bis an die Grenzen geht, erschließt sich hinter den Toren der Kabbala, die in den Himmel reichen, das Geheimnis der menschlichen Macht, die sich im Guten wie im Bösen zeigt. Auf dem Fußboden sitzend beteten wir Litaneien, die schon Rahel und Lea gesprochen haben sollen. Vorsichtig wies uns der Lehrer den Weg zu jenem Gnadenmoment, wo der Mensch allein durch das Aussprechen einiger geheimnisvoller Formeln die Ereignisse vorantreiben und die Ankunft des Messias beschleunigen kann."

Sie wetteiferten miteinander um die stärkste Frömmigkeit und die erhabensten Träume; „jeder wollte dem Himmel näher sein als der andere". Nachts hörten sie nicht nur das Bellen ferner Hunde und das Grölen eines Betrunkenen; sie glaubten auch die schweren Schritte des Messias zu vernehmen. Gläubig hingen sie an den Lippen ihres Lehrers, wenn er ihnen verriet: „Ein einziger könnte vielleicht die ganze Welt erlösen, wenn er es wirklich wollte, wenn er es aufrichtig und von ganzem Herzen wollte."

Sein Vater, der Welt des Realen zugewandt, betrachtete Elies Sehnsüchte mit Sorge. Der Junge wurde immer bleicher und dünner, die Mahlzeiten rührte er kaum an, und jeden Morgen um sechs Uhr traf er sich mit seinen Freunden bei einem einigermaßen radikalen Rabbi, um die Geheimnisse der Schöpfung und der Endzeit zu studieren. Vor der jährlichen Prüfung am staatlichen Bezirksgymnasium Debreczin büffelte Elie dann jeweils einen Monat lang wie ein Besessener Mathematik, Physik und Latein, weil er sich natürlich auch auf der jüdischen Schule von Sighet viel zu sehr auf die religiösen Themen konzentriert hatte.

„Mein Vater hatte den Ehrgeiz, aus mir eher einen Menschen als einen Heiligen zu machen", erinnerte sich Elie reumütig lange nach dem schrecklichen Tod von Schlomo Wiesel in Buchenwald. Der aufgeklärte Menschenfreund habe schon recht gehabt, wenn er die blutleeren Fanatiker ablehnte, die über der Ewigkeit das gesunde, fröhliche Leben mit seinen Hoffnungen, Narreteien und Abenteuern vergaßen, und wenn er dem asketischen Sohn den Kopf zurechtsetzte: „Dein Körper stört dich, weil du ihn als Feind behandelst, was er nicht ist. Er ist ein Geschenk Gottes, genau wie die Seele."

Wenn wir den Schilderungen in seinen autobiographischen Romanen glauben dürfen, hielten Elies Freunde die Selbstkasteiung und den ständigen Umgang mit den finsteren Mächten nicht durch; sie verloren die Lebenslust und gerieten an den Rand des Wahnsinns. Vielleicht, so Wiesels späterer Erklärungsversuch, lag es an der Illusion, „es sei möglich, mit ein paar Gebeten und kabbalistischen Beschwörungsformeln dem Henker Einhalt zu gebieten und die Opfer zu retten. (...) Vielleicht sind sie wahnsinnig geworden, weil sie ihren Irrtum erkannten." Denn der Messias kam nicht, und Hitler stand schon vor der Tür.

Ist es dem Vater gelungen, seinen Sohn gegen all die ungesunden Spekulationen zu immunisieren? Dagegen spricht, daß eine richtige Gefühlsbeziehung zwischen Schlomo und Elie fehlte. Er habe seinen Vater – den Menschen, den er am meisten auf der Welt liebte – gar nicht wirklich gekannt, erinnert sich Elie. „Für jeden hatte er Zeit, nur für mich nicht. Warum war er so zerstreut, wenn er mir zuhörte? Warum waren seine Antworten so knapp? Gern hätte ich mir von seiner Jugend, seinen Studien, seinen Erfahrungen erzählen lassen."

Kein Wunder, daß sich der kleine Elie nicht gerade als pflegeleicht erwies. „Ich war ein Trotzkopf, ein Dickschädel, ein Egoist", bilanziert er mit einem Hang zur selbstkritischen Übertreibung, „ich ließ mich zu leicht ablenken ... ich jammerte wegen jeder Kleinigkeit". Anfangs scheint er ein Muttersöhnchen gewesen zu sein, extrem schüchtern, von den Mitschülern nicht akzeptiert. „Um sie zu versöhnen, beschloß ich, sie zu kaufen." Mit Butterbrot, Obst und Süßigkeiten. „Abseits stehend, beobachtete ich verschämt und niedergeschlagen, wie sie meine Pausenbrote lachend verschlangen, ohne sich zu bedanken." Später griff er sogar in die Geschäftskasse des Vaters, um seine erfolglosen Bestechungsversuche zu finanzieren.

Elie zeigte ein gewisses Talent zu Eifersuchtsanfällen und Wutausbrüchen. Er war schnell beleidigt. „Ein etwas strengerer Blick, ein zu hartes Wort, und schon wollte ich sterben oder zumindest weggehen, weit weg. (...) Oder ins Heilige Land fliehen. Lachen Sie nicht: Ich glaubte tatsächlich, dies sei möglich, ich bräuchte nur den Berg zu erklimmen und die verborgene Tür des Geheimgangs zu erklimmen, der, wie es hieß, nach Galiläa führte."

Diese Narben ist er auch als Erwachsener nie ganz losgeworden: „Ich hatte eine dünne Haut und bin sehr verletzbar gewesen, meiner Rechte und Möglichkeiten nie sicher. Ich fühlte mich oft anderen unterlegen und meinte, ich könnte dem Bild nicht genügen, das ich oder andere von mir hatten. Also mußte ich immer etwas gutmachen." Als Kind verteilte er Süßigkeiten. Als Erwachsener konnte er selten Nein sagen, wenn er um eine Empfehlung, ein Interview, ein Vorwort gebeten wurde; „ich wollte nicht gefallen, aber mich gebraucht und geliebt fühlen".

Sein Vater, so schien es, war ihm immer etwas schuldig geblieben. Verstanden fühlte er sich dagegen von dem alten Synagogendiener Mosche, der mit träumenden Augen von einem leidenden Gott sang und in Sighet als leicht meschugge galt. Der frühreife Elie entlarvte seine Verrücktheit schnell als Schutzpanzer: Mosche habe verbergen müssen, was er sah; „es könnte uns gefährlich werden". Der Mensch erhebe sich zu Gott durch seine quälenden Fragen, pflegte Mosche zu sagen – aber Gottes Antworten verstehe niemand.

„‚Und warum betest du, Mosche?' fragte ich ihn. ‚Ich bete zu Gott, der in mir ist, daß er mir die Kraft gibt, ihm wahre Fragen zu stellen.'"

Manchmal saßen die beiden die ganze Nacht bis zum frühen Morgen zusammen, um den geheimen Sinn irgendwelcher Sätze im *Sohar*, dem mystischen „Buch der Herrlichkeit", herauszufinden.

Botschaft aus dem Massengrab

Sighet ist eine ganz normale Stadt gewesen wie tausend andere auch, mit Synagogen und Rabbis, mit Dieben und Schleichhändlern und Übergeschnappten, zänkischen

Nachbarn und keifenden Ehefrauen. Sogar ein Bordell habe es dort gegeben, wird Wiesel als älterer Herr in seiner Autobiographie verschämt gestehen. Einige der Prostituierten seien hochgebildet gewesen. „Eine von ihnen diskutierte leidenschaftlich mit den Freiern über Religion."

Doch immer wieder geschah es, daß in die Idylle des Schtetl die mörderische Realität des in ganz Europa wachsenden Judenhasses einbrach. In der Schule hatte Elie zwar keine wüsten Aggressionen erlebt, doch die Christenjungen blieben unter sich und straften die jüdischen Mitschüler mit Nichtachtung. Wenn sie in den Kramladen der Wiesels kamen, um Zucker oder Gurken zu kaufen, zwinkerten sie Elie vielleicht einmal zu, aber am Heiligen Abend verkleideten sie sich als wilde Teufelchen und liefen mit der Peitsche hinter den Juden her, die sich auf der Straße zu zeigen wagten; ein merkwürdiges Brauchtum, um die Geburt eines jüdischen Kindes namens Jeschua zu feiern.

Und fanatische Antisemiten gab es in Rumänien auch schon, bevor die Nazis einmarschierten. Die *Eiserne Garde* schmierte Haßparolen auf Häuserwände, attackierte Juden auf offener Straße, schlug sie und riß alten Männern den Bart aus. Die fürchterlichen Ritualmordlegenden des Mittelalters tauchten wieder auf. Wenn sich so ein Pogrom ankündigte, blieb Schlomo Wiesel nichts anderes übrig, als Fenster und Türen zu verriegeln und seine Kinder in den Keller zu schicken. Die Polizei? Sie sah dem Treiben wohlgefällig zu.

Elie zermarterte sich den Kopf mit der Frage: Warum? Warum waren es immer die Juden, die gehaßt, gequält, ins Exil geschickt wurden? Was hatten sie denn verbrochen? Genügte es wirklich, daß sie anders waren, eine eigene Religion und spezielle Bräuche hatten? Doch dann beruhigte er sich wieder, der Judenhaß flammte eben auf und ging wieder vorüber, das war stets so gewesen. Die Verfolgung der Juden in Deutschland, ihre Vertreibung aus dem öffentlichen Leben, Hitlers Überfall auf Polen, die ersten Schlachten des Weltkriegs, das waren Nachrichten aus fremden Ländern, das berührte Sighet nicht.

Eigenartig: Immer mehr Juden aus dem besetzten Polen flohen nach Sighet, wo sie bei ihren Glaubensbrüdern, die selbst oft bittere Not litten, Zuflucht fanden, doch man nahm die alarmierenden Nachrichten über Massaker und Folterkeller nicht ernst. 1940 wurde Transsylvanien von Ungarn annektiert, sämtliche jüdischen Bürger von Sighet mußten sich registrieren lassen, Ungarn kämpfte an der Seite Deutschlands gegen die Sowjetunion, mit der Kriegsnot wurden die Lebensmittel knapp, in den Warteschlangen vor den Geschäften schimpfte man auf die Juden, die angeblich Vorräte gehortet hatten – und immer noch fanden die Wiesels und ihre Freunde das alles ziemlich normal.

1943 wurden die ersten Juden – die „Ausländer", die keine ungarische Staatsbürgerschaft besaßen – deportiert, unter ihnen Mosche, der verschrobene Synagogenküster. Elies Vater landete im Gefängnis, weil er polnische Juden bei ihrer Flucht unterstützt hatte. Wen nämlich die ungarische Polizei mit ausländischen Devisen aufgriff, den lieferte sie nicht nach Polen aus (was KZ und Tod bedeutet hätte), sondern übergab ihn der Spionageabwehr in Budapest. Die Häftlinge dort wurden von einer Untergrundorganisation betreut und überlebten zumeist.

Der listige Schlomo steckte den Flüchtlingen ein paar Schweizer Franken oder US-Dollars zu, woraufhin sie automatisch als Devisenschmuggler galten und nicht mehr nach Polen zurückgeschickt werden konnten. Als einer seiner Schützlinge unter der Folter Wiesels Namen nannte, war das Spiel aus. Zum Glück kam Schlomo

Wiesel nach zwei Monaten frei. Gebrochen, bedrückt, schwermütig kehrte er nach Hause zurück, wehrte sich jedoch hartnäckig gegen das Drängen seiner Frau, nach Palästina auszuwandern. Er sei zu alt, um noch einmal von vorne anzufangen.

1944 zerbrach die heile Welt des Schtetl endgültig unter dem Marschtritt der deutschen Truppen. Im ungarischen Budapest hatte die faschistische Partei die Macht ergriffen, und die bisher verschonte Dreiviertelmillion ungarischer Juden (wozu auch die Sigheter Gemeinde gehörte) sollte nun im Eiltempo der „Endlösung" zugeführt werden. Es mußte schnell gehen, denn der Krieg war von Deutschland längst verloren und die Rote Armee rückte massiv nach Westen vor.

Wie die meisten europäischen Juden damals täuschte sich Schlomo Wiesel über das Ausmaß des Vernichtungswillens der Nazis hinweg: Man lebte doch in einer zivilisierten Welt. Man war unter den Mitbürgern verwurzelt, zahlte Steuern, hatte im Krieg an vorderster Front mitgekämpft ... Wozu davonlaufen?

Die Deportationen, die Schreckensnachrichten aus Deutschland, die versteckten Zeitungsmeldungen über Pogrome im Osten: Einzelfälle, begrenzte Katastrophen. Hatte es nicht immer Übergriffe gegeben? Waren es die Juden nicht gewohnt, die Sündenböcke zu spielen? War Deutschland kein Kulturvolk? Elie: „Die Deutschen sind doch Menschen, hieß es, auch wenn die Nazis Unmenschen sind." Hatte die deutsche Armee im Ersten Weltkrieg den Juden hier nicht geholfen, als Sighet von den Russen besetzt war und Kosakenhorden über die jüdische Gemeinde herfielen? Doch selbst wenn das nazistisch gewordene Deutschland den Juden etwas antun wollte: Stand seine Niederlage nicht unmittelbar bevor?

Und durch diese Traumwelt von Todeskandidaten, die

einander besänftigten und trösteten, rannte der meschuggene Mosche und erzählte Horrorgeschichten, die ihm niemand glaubte. Irgendwie war es ihm gelungen, aus Polen zu fliehen, wohin die Deportierten gebracht worden waren. Im Wald hatte man sie aus den Waggons geholt und gezwungen, Gräben zu schaufeln. Dann hatten sich deutsche Soldaten mit Maschinengewehren vor den zitternden Menschen aufgebaut und so lange geschossen, bis die Gräben mit Leichen gefüllt waren. Mosche hatte sich angeblich tot gestellt und war später aus dem Massengrab herausgekrochen. Wer konnte so eine irre Geschichte schon ernst nehmen?

„Juden raus!" im Morgengrauen

Doch am Pessachfest 1944 übernahmen SS-Offiziere die Macht in Sighet. Panzerwagen rollten durch die Straßen. Elie: „Wir hatten Angst vor den deutschen Soldaten mit ihren Stahlhelmen und ihrem Abzeichen, dem Totenkopf."

Ab sofort hatten alle Juden den gelben Stern zu tragen, durften weder Cafés besuchen noch ihre Synagoge betreten. Sie mußten in einen mit Stacheldraht abgeriegelten Stadtbezirk übersiedeln – die Wiesels hatten Glück, ihr Haus lag innerhalb des Gettos – und durften nach 18 Uhr nicht mehr auf der Straße sein. Die Männer mußten Zwangsarbeit leisten und Kohle auf Militärtransportzüge laden. Deutsche Soldaten und ungarische Polizisten, immer zum brutalen Zuschlagen bereit, durchsuchten sämtliche Häuser nach Wertsachen, beschlagnahmten Schmuck, Geld, silberne Schabbatleuchter. Schlomo empfing den Suchtrupp mit einem Anflug von Galgenhumor: „Sie werden enttäuscht sein, bei den meisten von uns Juden finden Sie nur Elend … Ich hoffe, Sie nehmen auch das mit."

Dann plötzlich an einem Samstagabend die entsetzliche Nachricht: Sämtliche Juden hätten bis zum folgenden Tag ihre Häuser zu räumen und sich zur Deportation bereitzumachen. Als Gepäck waren lediglich ein paar Kleidungsstücke und Lebensmittel erlaubt.

Elie gehörte zu den Kurieren, die man mit der niederschmetternden Nachricht von Haus zu Haus schickte. Er sah die Todesangst in den Augen der Greise, er erlebte die hektische Betriebsamkeit, mit der die Frauen Reiseverpflegung zu backen begannen und die Männer Löcher in den kleinen Vorgärten gruben, um Dokumente oder die eben noch vor den Rollkommandos versteckten Wertsachen für die erhoffte Rückkehr in Sicherheit zu bringen – während biedere christliche Mitbürger sich schon auf die verlassenen Häuser freuten. „Sie brachen Schränke und Schubladen auf", hat er später erfahren, „suchten sich Bettwäsche und Kleidung aus, zerschlugen, stahlen, plünderten."

Er traf aber auch die einstige Hausgehilfin der Wiesels, Maria, eine schlichte Christin, die sich in das Getto geschlichen hatte und der Familie vergeblich Unterschlupf in ihrem Heimatdorf anbot. Vater Schlomo wollte weder die treue Seele gefährden noch seine Gemeinde im Stich lassen. Die Kinder könnten mitgehen, sagte er. Aber sie wollten bei den Eltern bleiben. „Gute Maria. Wenn andere Christen wie sie gehandelt hätten, wären die Züge ins Unbekannte nicht so überfüllt gewesen."

Und immer noch Illusionen: „Die Deutschen haben Angst, daß wir Partisanen werden!" meinte einer unter Hinweis auf die näherrückende Front. „Sie wollen nur unseren Schmuck stehlen", ein anderer. Das gehe leichter, wenn man die Besitzer wegschicke. Man werde nicht lange „auf Reisen" sein, bald sei der Krieg zu Ende und dann könne man Wiedersehen feiern. Ganz anders die jüdischen Ärzte: Sie beschlossen, gemeinsam aus dem Leben zu scheiden. Einer von ihnen hatte einen deutschen Offizier operiert und erfahren, was den Juden bevorstand.

Um neun Uhr morgens ertönte auf der Straße das gellende Kommando: „Juden raus!" Ungarische Gendarmen trieben die Widerstrebenden aus den Häusern, prügelten mit Gewehrkolben und Gummiknüppeln auf Frauen, Kinder, gehbehinderte Greise ein. Immer wieder hieß es „Abzählen!", um ja keinen der Todeskandidaten zu vergessen. Als Elie den mit wenigen Habseligkeiten vollgestopften Rucksack aufhob, sah er den Vater zum ersten Mal in seinem Leben weinen.

„Einer nach dem anderen zogen sie an mir vorüber", wird er sich erinnern, „die Lehrer, die Freunde, all die anderen, die, vor denen ich Angst gehabt hatte, die, über die ich gelacht, die, mit denen ich all die Jahre verbracht hatte. Krumm, wie geprügelte Hunde, trotteten sie davon und schleppten ihren Rucksack, ihr Leben mit, verließen ihr Heim und ihre Kindheit. (...) Ich betrachtete unser Haus, in dem ich jahrelang meinen Gott gesucht, in dem ich fastend das Kommen des Messias erwartet, in dem ich mir vorgestellt hatte, wie mein Leben werden würde. Ich war nicht einmal traurig, ich dachte an nichts."

Die Synagoge, wo die Juden von Sighet so lange Zeit glückliche Lieder gesungen und zu einem guten Gott gebetet hatten, wurde nun zum Wartesaal vor der Reise ins Ungewisse. Zusammengepfercht auf engstem Raum, bewacht wie Schwerverbrecher, ließ man sie hier 24 Stunden auf den Abtransport warten. Gedemütigt verrichteten sie zu Hunderten ihre Notdurft in den Ecken des heiligen Raumes, weil man sie nicht vor die Tür ließ. Als sie endlich zum Bahnhof getrieben und in die bereitstehenden Viehwaggons gestoßen wurden, waren sie viel zu erschöpft, um noch protestieren zu können. Ein SS-Trupp schleppte diejenigen jüdischen Mediziner, denen tags zuvor der Selbstmord mißlungen war, in die Waggons. Am Bahnsteig stand stolz Adolf Eichmann, der Stratege der „Endlösung", der eigens aus Budapest angereist war, um sein perfekt organisiertes Werk zu überwachen.

Das Ziel der geisterhaften Reise kannte niemand. Manche hofften, als Zwangsarbeiter in ungarische Munitionsfabriken gebracht zu werden. Andere erinnerten sich mit Schrecken an die Nachrichten von den Vernichtungslagern im Osten, die man als bloße Gerüchte abgetan hatte, so unglaublich hatten sie geklungen.

Vier Tage und vier Nächte dauerte die Fahrt, die kein Ende nehmen wollte. Das Atmen in den versiegelten Waggons wurde zur Qual. Hitze und Gestank waren unerträglich. Die Menschen hatten nur noch kümmerliche Essensreste, kein Wasser – und nicht einmal Platz zum Hinlegen. Abwechselnd kauerten sie sich auf den verdreckten Boden. Am fünften Tag war die Endstation erreicht: Auschwitz in Polen.

Die Luft roch nach verbranntem Menschenfleisch

Um Mitternacht taumelten die Verstörten ins Freie. Seine ersten Eindrücke sollte Elie nie vergessen: den Geruch von verbranntem Fleisch und die grellen Flammen, die aus riesigen Schornsteinen schossen.

Kaum in Auschwitz angekommen, wurden die Menschen aussortiert wie Schlachtvieh: Auf einer endlos langen Rampe, eskortiert von SS-Männern mit entsicherten Maschinenpistolen und gefährlich knurrenden Schäferhunden, rückten die Massen langsam zu einem bösen Gott in Uniform und Stiefeln vor, der über Tod und Leben gebot. Die Männer wies er nach links, die Frauen nach rechts.

Elies Mutter Sarah und sein Schwesterchen Tsipora verschwanden in der Nacht. Nur die beiden älteren Schwestern sollte er nach dem Krieg wiedersehen. Tsipora, die Jüngste der Familie, strahlend blond, zierlich, klug, von allen geliebt, und die Mutter stiegen aus den Schornsteinen der Krematorien zum Himmel auf, wie er es in seiner tiefschwarzen Poesie später formulierte, „auf den Flammen reitend, in denen der Schmerz eines ganzen Volkes verbrannte". Wenige Minuten im Todeslager hatten aus dem Jungen eine Halbwaise gemacht.

Lange Zeit habe er nicht an den Tod seiner Mutter glauben können, gab er später preis. „Vielleicht liegt der Grund darin, daß ich sie nicht tot gesehen habe. Ich habe sie nur mit Hunderten von Menschen, die die Nacht jäh verschlang, fortgehen sehen, irgendwohin." Und Tsipora? „Mein kleiner Engel unter einer schwarzen Sonne", wird er ihr zärtlich nachrufen, „kleines jüdisches Mädchen mit Goldhaar und unschuldigem Traumgesicht, blitzendes Licht auf dem untergehenden Schiff: es genügt die Augenlider zu senken, damit die Zeit euch wieder zurückbringt".

Kurz darauf die nächste Schicksalsentscheidung: Auf einem weiten Platz ließ sich der berüchtigte SS-Arzt Dr. Josef Mengele die Neuankömmlinge vorführen, fragte nach Alter und Beruf, trennte mit einem einzigen scharfen Blick das leidlich robuste Menschenmaterial, dessen Arbeitskraft sich noch eine Zeitlang würde ausbeuten lassen, von den Schwachen und Müden. Der 15jährige Elie präsentierte sich Mengeles forschenden Augen als 18jähriger Landarbeiter, sein 50jähriger Vater machte sich zehn Jahre jünger. Zu dem Schwindel, der ihnen vermutlich das Leben rettete, hatte ihnen ein erfahrener Mithäftling geraten.

Auf dem Weg in die Lagerbaracken sahen die zur Sklavenarbeit Begnadigten mächtige Flammen aus einem Graben lodern.

„Dort wurde etwas verbrannt", erinnert sich Elie. „Ein Lastwagen näherte sich dem Erdloch und schüttete seine Ladung aus: es waren kleine Kinder. Säuglinge!

Ich hatte sie mit eigenen Augen gesehen ... Kinder in den Flammen.

Ist es verwunderlich, wenn mich seither der Schlaf flieht?"

Exakt fünfzig Jahre nach diesem grauenhaften Geschehen entschied 1994 der Bundesgerichtshof, die bloße Behauptung, in Auschwitz seien keine Juden umgebracht worden, erfülle noch nicht den Tatbestand der Volksverhetzung. Dazu müsse man dem modernen Antisemiten erst nachweisen, mit seiner Geschichtsklitterung einen „Angriff auf die Menschenwürde" beabsichtigt zu haben.

Aufgeschreckt von der internationalen Kritik, sorgte die Bonner Regierungskoalition zwar dafür, daß im neuen *Verbrechensbekämpfungsgesetz* die sogenannte Auschwitz-Lüge generell unter Strafe gestellt wurde. Doch es fragt sich weiterhin, wer die Toten von Auschwitz grausamer verhöhnt und die Hinterbliebenen schlimmer kränkt: die neuen Nazis mit ihren frechen Lügen oder die honorigen Richter mit ihren entsetzlichen Spitzfindigkeiten.

Die Vergasten, Verbrannten, Gehenkten, Totgeprügelten, so wird im Land der Mörder bereits wieder ganz unbefangen behauptet, hat es gar nicht gegeben.

Häftling Nummer A-7713

Ein KZ-Gefangener wußte am Morgen nie, ob er am Abend noch am Leben sein würde. Jeder zufällige Zusammenstoß mit einem schlechtgelaunten Aufseher, jedes falsche Wort konnte das Todesurteil bedeuten. Leben im Konzentrationslager, das war ein ständiges Dahinstolpern am Rand des Grabes, das bedeutete jede Stunde und Minute ausweglose Angst, nagende Demütigung und das Bewußtsein, nicht die geringsten Rechte zu besitzen und kein Mensch zu sein, sondern bloß noch eine Nummer.

Elie bekam die Ziffer A-7713 am Unterarm eintätowiert, und wenn er fortan eine noch so harmlose Frage an eine Respektsperson im Lager richten wollte, hatte er strammzustehen, sich als „Häftling Nummer A-7713" zu melden und den SS-Mann oder *Kapo* (vom italienischen Wort für „Kopf"), wie die gefürchteten Hilfsaufseher aus den Reihen der Gefangenen hießen, mit dessen vollem Titel anzureden.

Kontakt mit einem der großen oder kleinen KZ-Herrscher aufzunehmen, war immer ein riskantes Unterfangen. Sie waren erst einen Tag in Auschwitz, da wurde Vater Schlomo nach stundenlangem Ausharren auf dem Appellplatz von heftigen Magenkrämpfen befallen. Er faßte sich ein Herz, ging auf einen finster blickenden Aufseher zu und fragte höflich: „Würden Sie mir bitte den Weg zu den Toiletten zeigen?" Der Kapo fühlte sich durch die liebenswürdige Formulierung wohl verhöhnt. Er sah den Fragesteller verächtlich von oben bis unten an und hieb ihm dann die Faust mit voller Kraft ins Gesicht. Schlomo fiel wie ein Sack zu Boden. Mühsam, auf allen vieren, kroch er auf seinen Platz zurück.

Am schlimmsten war für Elie bei solchen Anlässen die Scham, die ihm seine eigene Hilflosigkeit bereitete. Statt dem Vater zu helfen und den brutalen Kerl niederzuschlagen, konnte er nur erschrocken zusehen. Alles andere wäre Selbstmord gewesen. Was machten diese Teufel nur aus den Menschen? Was hatten sie aus sich selbst gemacht?

Sechzehn Stunden am Tag mußten die Häftlinge arbeiten. Elie schleppte Ziegelsteine, hob Erdgruben aus, fand zwischendurch – ein Glücksfall – eine leichte Beschäftigung im Warenlager, wo er Elektroteilchen zu zählen hatte. Das war in Buna, 1941 als Nebenlager von Auschwitz eigens für die IG Farben errichtet, die hier Legionen von Häftlingen für sich arbeiten ließ.

Die Mahlzeiten bestanden aus hartem Brot und dünner Suppe; zum Frühstück gab es eine stinkende Flüssigkeit, die mit Kaffee nur den Namen gemeinsam hatte. Am Abend sank Elie hundemüde auf die Holzbretter irgendwo in den dreistöckigen Schlafgerüsten, die er mit rund tausend anderen Barackenbewohnern teilte. Solche Luxusmöbel wie ein eigenes Bett kannte ein KZ-Insasse nicht.

Alles mußte schnell gehen im Lager. „Man rennt zum Waschen", wird Elie Wiesel Jahrzehnte später nach einer Wiederbegegnung mit Auschwitz notieren. „Man rennt, während man sich anzieht. Man rennt bei der Brot-, bei der Margarine-, bei der Suppenzuteilung. Man rennt zum Appell, man rennt zur Arbeit, man rennt von einem Block zum anderen, von einem Zelt zum anderen, auf der Suche nach einem vertrauten Blick, auf der Suche nach einem tröstenden Wort."

Doch stattdessen waren nur die Stimmen der Gewalt und des Leidens zu hören: „An das Anschlagen der Hunde erinnere ich mich mit einer an Schmerz grenzenden Schärfe. Das Geheul der Schlächter. Der Lärm der Gummiknüppel, die auf die Nacken der Gefangenen niederschlagen."

Auschwitz: eine trostlose, dämonische Welt ohne Träume. „Reich der Nacht" nannte sie Elie.

Und doch glommen winzige Hoffnungslichter in der Finsternis. Elie war froh, nicht von seinem Vater getrennt zu sein, den er nun plötzlich in einer ganz neuen Unmittelbarkeit erlebte, entzaubert, voller Angst und Bitterkeit – und liebenswerter denn je. In wenigen Wochen schien dieser Mensch um Jahrzehnte gealtert, gebrochen, müde, hilflos in den hundert praktischen Überlebensfragen eines solchen Lagers. Zum Beispiel brachte es der notorische Zivilist Schlomo nie fertig, im Gleichschritt zu marschieren, was seine Peiniger als Rebellion werteten und entsprechend bestraften: heute mit Stockschlägen, morgen mit Ohrfeigen.

Elie beschloß seinem Vater Nachhilfeunterricht zu geben. Jeden Abend trainierten die beiden vor der Baracke, zum Gaudium der Mitgefangenen. „Links! Rechts!" kommandierte Elie, und Schlomo bemühte sich redlich – aber ohne jeden Erfolg. Am nächsten Tag geriet er wieder außer Tritt, bezog wieder Schläge.

Da entdeckte ein auf krumme Geschäfte spezialisierter Werkmeister, daß Elie eine Goldkrone im Mund hatte. Das war die Lösung – eine für Auschwitz typische Lösung. Denn der Kapo schlug Elie einen Handel vor: Er brauchte nur den kostbaren Zahnersatz zu opfern, und die Quälereien, denen sein Vater ausgesetzt war, würden aufhören. Ein Freund des Kapo, ein Zahnarzt aus Warschau, nahm die Operation vor, heimlich, auf dem Abort, mit Hilfe eines verrosteten Löffels.

Zwei Wochen später wurden der Kapo und seine Kumpane in ein anderes Lager versetzt. Elie hatte seine Goldkrone umsonst hergegeben.

Hoffnungslichter im Grauen: Das siebenjährige Mädchen, das seine Großmutter umarmte und ihr zärtlich zuflüsterte: „Hab keine Angst, sei nicht traurig, daß du sterben mußt; ich bin es nicht!" Die Schachfiguren, die Schlomo und sein Sohn für ihre karge Freizeit gezaubert hatten – aus Brotkrumen ihrer täglichen Hungerration. Die wunderbaren Stunden, die sie mit dem einstigen Rektor einer Talmudschule verbrachten, komplette Seiten der rabbinischen Überlieferungen aus dem Gedächtnis rekonstruierend und so ihren Geist am Leben erhaltend. Die chassidischen Lieder, die ein ungarischer Jude namens Akiba seinen Mithäftlingen vorsang. Die französische Zwangsarbeiterin, die Elie die blutende Stirn abwischte und ihr Stück Brot mit ihm teilte, als ihn ein besonders brutaler Kapo ohne jeden Grund verprügelt hatte. „Beiß dir auf die Lippen, Brüderchen", raunte sie ihm zu. „Bewahr dir deinen Zorn für später auf. Es kommt ein Tag, aber noch nicht gleich ..."

Hoffnungslichter wie die schlichte Ansprache, mit der ihnen der polnische Blockälteste bei ihrer Ankunft in der Schlafbaracke Mut gemacht hatte: „Sammelt alle Kraft und verliert nicht die Hoffnung", hatte er lächelnd gesagt. „Habt Vertrauen ins Leben, tausendmal Vertrauen. Verscheucht die Verzweiflung, damit verjagt ihr auch den Tod. Die Hölle dauert nicht ewig. (...) Helft euch untereinander. Das ist das einzige Mittel, um zu überleben."

Ein Gott, der seine Kinder sterben ließ

Die Hoffnung, die Lagerhölle zu überstehen, erschien von Tag zu Tag weniger realistisch. Ein eisiger Winter hatte eingesetzt. Die zugigen Schlafbaracken waren nicht geheizt, und jeden Morgen blieben einige erstarrte Leichname auf den Pritschen liegen, während sich ihre noch am Leben befindlichen, unterernährten Leidensgenossen zum Morgenappell nach draußen schleppten: stundenlanges Strammstehen, oft im Schneesturm oder bei Eisregen. Die Ziegelsteine, die Elie auf Lastwägen zu laden hatte, klebten vor Kälte an den Händen fest. Der Lagerarzt schnitt Elie die Frostbeulen an den Füßen auf und meinte, notfalls werde man eben die Zehen amputieren müssen oder das ganze Bein.

Gleichgültig hörten die Häftlinge die Gerüchte, das Ende des Krieges stehe bevor und sowjetische Befreiungstruppen näherten sich dem Lager. War nicht schon alles zu spät? Würden die Deutschen sie nicht alle vorher erschießen? Hitler vertraue er mehr als jedem anderen, gestand ein Mitgefangener mit bitterem Sarkasmus: „Hitler ist der einzige, der alle seine dem jüdischen Volk gemachten Versprechungen samt und sonders gehalten hat." Und versprochen habe er, sämtliche Juden zu vernichten, in jedem Fall.

Freiheit, Selbstbestimmung, Zukunft, was hieß das schon? „Mein ganzes Streben zielte nur noch auf meinen täglichen Teller Suppe", wird sich Elie in seiner Lagerdokumentation *Die Nacht* voller Scham erinnern, „auf meinen Kanten altbackenes Brot hin. Brot, Suppe – das war mein Leben, nicht mehr. Ich war nur noch ein Körper. Vielleicht noch weniger: ein hungriger Magen. Nur der Magen fühlte die Zeit verstreichen."

Die Front verschob sich; die Wiesels wurden weit ins Innere Deutschlands deportiert. Die Fahrt ins KZ Buchenwald bei Weimar, zum Teil im offenen Viehwaggon, dauerte zehn qualvolle Tage, und die Bewacher lachten sich halbtot, als ihre durstigen Gefangenen gierig den frischgefallenen Schnee zu löffeln begannen. Ein Marsch von 70 Kilometern schloß sich an, bei eisigem Wind durch den schmutzigen Schnee. Viele blieben liegen, wurden von den Nachfolgenden totgetrampelt.

Hier in Buchenwald erlebte Elie die mörderischen Kämpfe halbverhungerter Elendsgestalten um ein Stückchen Brot. Er sah, wie ein vor Hunger völlig Wahnsinniger seinen eigenen Vater totschlug, um ihm einen Brotkanten zu entreißen – und wie derselbe junge Mann Sekunden später von zwei Mitgefangenen umgebracht wurde. Sie hatten ebenfalls Hunger gehabt.

Er sah seinen Vater Schlomo immer schwächer und hinfälliger werden. Elie wußte, daß er von Mithäftlingen geschlagen und seiner Brotration beraubt wurde, wenn der Sohn nicht in der Nähe war. Eines Morgens lag ein Fremder auf der Pritsche, wo Schlomos Platz gewesen war; der Vater war in der Nacht gestorben, an Entkräftung und den Folgen der Mißhandlungen.

Das „Reich der Nacht" hatte seinen letzten Schimmer Licht verloren.

Ob Elie für seinen Vater gebetet hat, der ihn unbemerkt verlassen hatte, um irgendwo in eine Grube oder einen Verbrennungsofen geworfen zu werden? Vielleicht hatte man ihn auch nur für tot gehalten, als man ihn wegbrachte. Der Tod hätte ihn ebensogut verschonen können, meinte er später einmal. „Der Tod hat ihn aus Versehen und Zerstreutheit geholt. Es war ein Irrtum, der Tod wußte nicht, daß *er* es war."

Elie hatte nicht einmal mehr Tränen, „und es tat mir weh, nicht weinen zu können". Hatte er Gebete?

Mit jeder bitteren Erfahrung im Lager bäumte er sich wilder auf gegen einen Gott, den er nicht zu leugnen wagte und doch hassen mußte. Einen Gott, der sein Volk offensichtlich vergessen hatte, dem die Todesschreie der Säuglinge und die Leiden der alten Männer gleichgültig waren. Was war das für ein Gott? Warum sollte man überhaupt noch mit ihm sprechen?

O doch, es hat eine erstaunliche Treue zur religiösen Praxis gegeben in den Konzentrationslagern und Gettos. Überlebende sagten aus, mehr als die Hälfte der jüdischen Opfer habe die vorgeschriebenen Gebete verrichtet, die Speisegesetze und die Reinigungsriten beachtet, an *Jom*

Kippur gefastet, trotz des mörderischen Hungers, das *Kaddisch* für die vielen Toten gesprochen. War es der lächerliche Versuch, die Wirklichkeit zu verdrängen, oder die einzig mögliche Form von Widerstand, das Festhalten an einer inneren Würde, die dem Judentum kein Eichmann und kein Hitler nehmen konnte?

„Ich erinnere mich an einen litauischen Maggid", berichtet Elie, „der jeden Freitagabend von einem zum anderen lief und mit einem kurzen Lächeln jeden ansprach: ,Mein jüdischer Bruder, vergiß nicht, es ist Schabbes.'" Er erinnert sich an einen Holländer, der seine Brotration mit einem kranken Kameraden teilte, den er überhaupt nicht kannte. „,Ich habe lieber Hunger als Gewissensbisse', sagte er." Solche Menschen hätten im Königreich der Nacht „geleuchtet".

Elie wählte eine andere Form des Protests. Er brach das Fasten an *Jom Kippur*, dem großen Versöhnungstag, um Gott die Stirn zu bieten. „Ich nahm Gottes Schweigen nicht mehr hin. Meine Suppe schlürfend, sah ich in dieser Gebärde einen Akt des Aufruhrs und der Auflehnung gegen ihn."

„Warum, warum soll ich ihn preisen?" fragte Elie noch Jahre danach in verzweifelter Empörung. „Nur weil er Tausende seiner Kinder in Gräben verbrennen ließ? Nur weil er sechs Gaskammern Tag und Nacht, Schabbat und Festtag arbeiten ließ? Nur weil er in seiner Allmacht Auschwitz, Birkenau, Buna und so viele andere Todesfabriken geschaffen hatte? Wie, sollte ich zu ihm sagen: ,Gepriesen seist Du, Ewiger, König der Welt, der Du uns unter den Völkern erwählt hast, damit wir Tag und Nacht gefoltert werden, unsere Väter, unsere Mütter, unsere Brüder in den Gaskammern verenden sehen?' (...) Ich war der Ankläger. Und Gott war der Angeklagte. Meine Augen waren sehend geworden."

Ja, er lebe immer noch im Widerschein jener Flammen von Auschwitz. „Der Erzähler hat sie vor Augen und wird sie immer vor Augen haben. Er hat sich geschworen, sie niemals ausgehen zu lassen. Sogar in der Welt dort oben, wo nur die Wahrheit zählt, wird er vor den himmlischen Thron treten und sagen: ‚Sieh nur, sieh Dir die Flammen an, die immerfort brennen. Hörst Du nicht die stummen Schreie Deiner Kinder, die zu Asche und Staub werden?'"

II
MORGENDÄMMERUNG:

Ein Zeuge bricht das Schweigen

> „Wo hört die Verantwortlichkeit des
> Menschen auf? Welchen Gott soll man
> nehmen? Ich suche den Sinn in der
> Suche."

Elie Wiesel überlebte wohl mehr durch Zufall, denn Kraft und Wille zum Leben waren ihm in all dem Grauen abhanden gekommen.

Er gehörte zu den ausgemergelten Skeletten, die am 11. April 1945 von amerikanischen Truppen aus dem verlassenen Lager Buchenwald gerettet wurden. Stunden zuvor hatten sich bereits die Widerstandsgruppen erhoben.

Widerstandsgruppen hat es tatsächlich in Auschwitz gegeben, genau wie in Sobibor oder Treblinka, aber sie hatten nie eine Chance gegen die schwerbewaffneten SS-Einheiten. Bei einem Ausbruchsversuch lange vorher waren alle Aufständischen ums Leben gekommen; vier jüdische Mädchen aus Warschau, die ihnen Sprengstoff in das Lager geschmuggelt hatten, wurden öffentlich gehenkt. Die Älteste war sechzehn Jahre alt, die Jüngste zwölf ...

Jetzt gab es in Buchenwald nur noch wenige SS-Männer, die meisten hatten sich abgesetzt. Die Aufständischen bewaffneten sich mit Handgranaten, fingen einige ihrer fliehenden Bewacher ein, um sie wenig später den Amerikanern zu übergeben. Der Verzicht auf Lynchjustiz gehört zu den Wundern der zeitgenössischen jüdischen Leidensgeschichte. Doch wichtiger als Rache schien den

Widerständlern die Suche nach Nahrungsmitteln; seit Tagen hatten die Lagerinsassen nichts mehr zu essen bekommen. Kinder krochen auf allen vieren zur Küche, schlangen glücklich rohe Kartoffelschalen aus den Mülleimern in sich hinein. Andere kauten apathisch an Grashalmen herum.

Die US-Einheiten, die mit Maschinengewehren und Konservendosen in Buchenwald einrückten, hatten auf den Schlachtfeldern zerfetzte Körper gesehen und das Brüllen der Sterbenden gehört. Sie waren abgehärtet. Doch als ihnen diese wimmernden Skelette entgegentaumelten, die einmal Menschen gewesen waren, da schoß vielen von ihnen das Wasser in die Augen.

Wiesel erinnert sich an einen schwarzen Unteroffizier: „Ein muskulöser Riese mit Herz, der Tränen ohnmächtiger Wut und Scham vergoß: Er schämte sich für das Menschengeschlecht, dem wir alle angehören. Er stieß Flüche und Verwünschungen aus, die auf seinen Lippen zu heiligen Sätzen wurden. Um ihm unsere Dankbarkeit zu zeigen, versuchten wir ihn auf unseren Schultern zu tragen, aber uns fehlte die Kraft."

Zum ersten Mal seit der Deportation aus dem Getto, so schließt Elies autobiographischer Bericht *Die Nacht*, konnte er sich in einem Spiegel betrachten. „Aus dem Spiegel blickte mich ein Leichnam an."

Ein Flüchtling ist ein Niemand

Was sollten die Befreier mit den 400 Jugendlichen anfangen, die sie aus den Baracken geholt hatten? Sechsjährige Waisen waren darunter. Sollte man sie in ihre zerbombten, verbrannten oder von arischen Nachbarn übernommenen Elternhäuser zurückschicken? Die Älteren träumten von Palästina; aber die Engländer wollten keine Masseneinwanderung von Kriegsopfern in ihr Mandatsgebiet.

Schließlich sprach der großzügige Gesten liebende General de Gaulle ein Machtwort: In Frankreich fanden die verschreckten Halbwüchsigen Zuflucht, liebevoll betreut von den Damen der *Jüdischen Kinderhilfe*. Doch Arbeit gab es auch für Franzosen kaum, und mehr als ein Zimmer und eine kleine finanzielle Starthilfe konnten die freundlichen Helfer ihren Schützlingen kaum besorgen.

Ein mittelloser Flüchtling sei in Frankreich genauso ein Niemand gewesen wie anderswo, stellte der KZ-Überlebende später in *Gezeiten des Schweigens* bitter fest: „Die Hausmeisterin, der Krämer, der Polizeikommissar – sie alle sitzen zu Gericht über sein Recht zu leben. Um die Verlängerung seiner Aufenthaltsgenehmigung zu erhalten, muß der Flüchtling zunächst einmal beweisen, daß er nicht arbeitet und genug Geld zum Leben hat. Wie soll er sich aber über Wasser halten, wenn er nicht das Recht hat, seinen Lebensunterhalt zu verdienen? Es ist verboten, Fragen zu stellen. Fragen stellt der Polizeikommissar."

Dabei hatte man den „Buchenwaldern" bei der Einreise sogar angeboten, die französische Staatsbürgerschaft zu erwerben, aber es gab keinen Dolmetscher im Zug! „Ein Polizeibeamter hält eine Rede, aber wir verstehen kein Wort davon. Ich sehe, daß einige die Arme heben. Melden sie sich vielleicht freiwillig für irgendeine Aufgabe? Ich halte mich zurück: Im Lager war ich immer bemüht, unauffällig zu bleiben, unsichtbar zu sein." An den Folgen dieses Mißgeschicks sollte er jahrelang leiden. Denn jetzt war er nicht nur ein Flüchtling ohne Geld, sondern noch dazu ein Staatenloser – und entsprechenden Schikanen ausgeliefert, wenn er auf der Polizeipräfektur seine Aufenthaltsgenehmigung oder seinen Reisepaß verlängern lassen wollte.

Manchmal blitzte das Glück auf in diesen düsteren Tagen: Elies Schwester Hilda, die Auschwitz überlebt und einen Algerier geheiratet hatte, entdeckte in einer Pariser Abendzeitung eine Reportage über die aus Buchenwald geretteten Kinder und Jugendlichen – und ihren Bruder auf dem dazugehörenden Foto! Sie bekam heraus, wo er sich aufhielt, und sie feierten Wiedersehen. Aber aufnehmen konnte ihn das junge Paar nicht, das selbst kaum zu beißen hatte. Bea, die andere Schwester, lebte in einem Lager für *Displaced persons* bei Kassel, in der amerikanischen Besatzungszone. Sie zu besuchen, gestaltete sich zum Abenteuer: „Ich benötige eine Reiseerlaubnis, ein Ein- und Ausreisevisum, eine Genehmigung der amerikanischen Militärbehörde in dem besetzten Gebiet und das Fahrgeld für den Zug."

Ein Glücksfall war auch die Begegnung mit einem Philosophiestudenten namens François, einem Nichtjuden, der sich brennend für andere Kulturen interessierte: François brachte seinem neuen Freund Französisch bei und las mit ihm Molière und Racine, während Elie ihn in die Ideenwelt des Judentums einführte. Und dann gab es noch jenen geheimnisvollen Alten, den er in einer kleinen Synagoge an der Rue Pavé kennengelernt und zuerst für einen Clochard gehalten hatte, ein abgerissenes Genie vom Typ „Professor Unrat", zerlumpt, ungewaschen, mit böse funkelnden Augen hinter den stets verdreckten Brillengläsern.

Doch wenn er zu reden begann, hektisch, aggressiv, mit einer heiser kreischenden Stimme, verstummten alle und konnten nicht genug bekommen von den in mürrischem Stakkato herausgestoßenen Vorträgen des greisen Zauberers, der die Bibel, den Talmud und sämtliche Kommentare offenbar auswendig kannte und die ganze Philosophie des Abendlandes in seinem häßlichen Kopf gespeichert zu haben schien. Er beherrschte zwei Dutzend Sprachen von Sanskrit bis Englisch, kannte sich in französischer Lyrik und amerikanischen Kriminalromanen aus und dozierte einmal geschlagene vier Stunden lang über den ersten Vers des Buches Jesaja. Es bereitete ihm ein boshaftes Vergnügen, seine Zuhörer in die Irre zu führen, mit überzeugenden Argumenten eine Ansicht zu entwickeln und sie gleich darauf ebenso schlagend zu widerlegen. Gott bedeute Bewegung, nicht Erklärung, pflegte er zu sagen, und der Mensch wachse durch das, was ihn beunruhige, nicht durch seine Sicherheiten.

Lange Zeit wußte kein Mensch, wer dieser merkwürdige und geheimnisvolle Mann war, woher der alte Mann kam, wo er sich sein fantastisches Wissen erworben hatte. Erst Jahre nach seinem Tod erfuhr Wiesel, daß er Mordechai Schoschani hieß, als Rabbi und Gelehrter um die halbe Welt gereist war und etliche bedeutende Schüler gehabt hatte, Professoren und Denker wie Emmanuel Levinas. Zeitlebens betrachtete ihn Elie als seinen wichtigsten Lehrer.

Camus, Kafka und die Brüste der Vermieterin

Schoschanis verwirrende Denkanstöße und die Klassiker der Literatur stillten zwar für den Moment seinen geistigen Hunger, aber nicht den körperlichen. Manchmal konnte er sich nicht mehr als eine warme Mahlzeit pro Woche leisten. Er hauste in einer winzigen Stube ohne fließendes Wasser in einem Pariser Arbeiterbezirk und hatte Angst vor dem Alleinsein, vor den einsamen Nächten. Denn mehr noch als das Grimmen in der Magengegend quälten ihn die Erinnerungen. „Mein Glaube an das Leben war mit Asche bedeckt", zog Elie Bilanz. „Mein

Glaube an den Menschen war voller Hohn, war kindisch und steril. Mein Glaube an Gott erschüttert. Dinge und Wörter hatten ihre Bedeutung, hatten ihre Achse verloren. Ein Bild aus der Kabbala beschrieb mir meinen damaligen Seelenzustand: die ganze Schöpfung hatte sich von ihrem Mittelpunkt verrückt, um in die Verbannung zu gehen. Auf wen sollte ich mich stützen, woran mich klammern?"

Wochen, Monate, Jahre des ziellosen Herumirrens. Dann gelang es ihm plötzlich, mit etwas Geld von einer Flüchtlingsorganisation sich an der Pariser *Sorbonne* einschreiben zu lassen. Mit Feuereifer stürzte er sich in die Wissenschaften, hörte Vorlesungen über Literatur, Philosophie, Psychologie, beschäftigte sich mit Sartre und Freud, Platon und Martin Buber, las alles, was ihm in die Hände fiel, auch wenn es so trocken und kompliziert war wie das Werk des deutschen Philosophen Kant: „Es klingt ein wenig dumm, doch bevor ich Malraux, Camus und Mauriac entdecke, lese ich *Die Kritik der reinen Vernunft* (lachen Sie nicht) auf Jiddisch. Auch *Das Kapital* lese ich und Hegel und Spinoza. Die Philosophie nimmt mich völlig in Beschlag, verschlingt mich. Mit meinen ‚ernsten' Gesprächen falle ich allen Freunden auf die Nerven. Man findet mich sonderbar, um nicht zu sagen lästig. Fasse ich einmal den Mut, mich einem Mädchen im Garten oder im Zug zu nähern, befrage ich sie über den Sinn des Lebens und das Ziel der Schöpfung."

Er verbiß sich in die elementaren Fragen: Wo war sein Platz in der Welt? Gab es einen Sinn im menschlichen Leben, oder war alles so absurd wie das ewige frustrierende Bemühen des Sisyphos, einen Stein den Berg hinauf zu rollen? Er las Camus und lernte von den Existentialisten die grundlegende Skepsis gegenüber hochtönenden Phrasen und Lebensprogrammen. Er war begeistert von Kafka, der den Menschen ähnlich sah, wie er ihn im Konzentrationslager erlebt hatte: als Marionette irgendeiner dunklen höheren Macht, unfähig, Einfluß auf das eigene Schicksal zu nehmen, ja sich mit jedem Versuch des Handelns tiefer verstrickend. Es gab aber auch Unterschiede, von Anfang an: „Kafkas Problem war das der Absurdität. (...) Meines ist Ungerechtigkeit."

Philosophie hieß für ihn, den Schmerz und Zorn zu analysieren, den er im KZ und danach über Gott und den sich selbst vergötzenden Menschen empunden hatte: „Ich wollte den Sinn der Ereignisse begreifen, deren Opfer ich geworden war. (...) Wo findet der Mensch Gott? Im Leiden oder in der Verweigerung? Wann ist ein Mensch menschlich? Wenn er Ja sagt oder Nein ruft? Wohin führt das Leiden den Menschen? Zur Reinheit oder zur Roheit?"

Antworten auf solche Fragen waren damals in Paris an jeder Straßenecke zu finden. Doch Elie verfolgte die Erklärungsmodelle der vielen Ismen und Ideologien mit wachsendem Mißtrauen; zu geschwätzig und oberflächlich schien ihm die aufgeregte Debatte der Existentialisten, Realisten, Surrealisten, Kommunisten. „Die Meister des Denkens lieferten alle möglichen Definitionen für den Menschen und stellten ihn fast überall hin – links, rechts, darüber, darunter." Paris sei ein Resonanzboden gewesen, „auf dem die Geräusche und Klänge all jener Menschen zusammenklangen, die Angst vor der Stille hatten – die sie mit der Leere verwechselten –, die Angst vor der Angst hatten – die sie für Feigheit hielten – und die nur sprachen, um sich zu beruhigen".

Manchmal hatte Elie auch einfach andere Sorgen: Sollte er eine Metro-Fahrkarte kaufen und hungrig bleiben oder ein Käse-Baguette erstehen und zu Fuß zur Sorbonne laufen? Es war alles so teuer in Paris. Zum Glück gab es eine junge Verkäuferin, die ihm immer ein besonders großes Stück Camembert abschnitt. Vielleicht war sie romantisch veranlagt und sah ihre Mission darin, armen Studenten zu helfen. „In meinen Träumen stelle ich mir vor, daß sie in mich verliebt ist."

Elie und die Frauen – ein schwieriges Kapitel und auch wieder ein ganz normales Problem, wie es keinem Achtzehn- oder Neunzehnjährigen fremd ist. Für ihn war es allerdings mit massiven Gewissensnöten verbunden – wie bei jedem streng religiös erzogenen Heranwachsenden. Ein Filmplakat, das er einmal in Sighet gesehen hatte, ging ihm nicht aus dem Kopf, und die rassige ungarische Hauptdarstellerin erschien ihm nachts im Traum (obwohl er es nie gewagt hätte, sich den Streifen im Kino anzuschauen). Seine erste Blinddarmentzündung wurde vor allem wegen der bildhübschen Krankenschwester, die ihn im Hospital pflegte, zum Ereignis: „Wenn es in der Hölle einen ganz bestimmten Geruch gibt, dann sicher nicht den Geruch von Schwefel, sondern den von Äther."

Jetzt in Paris war es seine Vermieterin, die ihm schlaflose Nächte bereitete. „Jedesmal, wenn sie mein Zimmer aufräumen kommt, nehme ich wie ein Dieb Reißaus (...) ihre Reize sind ihre Brüste. Dauernd stellen sie sich mir in den Weg." Wobei er damals schon ahnte, daß seine Ängste in „verdrängten Wünschen" gründeten. Aber die sexuelle Verwirrung war ja nur eine Variante des allgemeinen Chaos in seinem Innern: Wer war er eigentlich? War er überhaupt jemand? Elie Wiesel, ein altgewordenes Waisenkind ohne Familie und Zukunftsplanung, ohne klares Selbstbild und gesicherte Beziehung zur Welt. „Am liebsten wäre ich anderswo, am liebsten wäre ich ein anderer. Am liebsten wäre ich gar nicht."

Mit Übersetzungsarbeiten, Hebräischunterricht und Kinderbetreuung in Ferienlagern hielt er sich finanziell über Wasser. Wobei er sich als miserabler Pädagoge erwies: Statt dem zwölfjährigen Arztsohn, den er unterrichten sollte, die Grundlagen des Bibelhebräisch beizubringen, verwickelte er ihn in metaphysische Diskussionen. „Mein Schüler murmelt: ‚Im Anfang schuf Gott Himmel und Erde …‘ Ich unterbreche ihn: Im Anfang? Was bedeutet das, im Anfang? Kann es für Gott einen Anfang geben? Und ein Ende?" Der konsternierte Vater bedeutete ihm, er solle wiederkommen, wenn sein Sohn reif für solche Auslegungsfragen sei. Vielleicht, wenn er geheiratet habe. „Die Frage aller Fragen bleibt unverändert: Wovon soll ich meine Miete bezahlen?"

Elie interessierte sich für tausend Dinge, gewiß – doch was sollte er werden? Irgendjemand meinte, er könnte einen guten Ingenieur abgeben, schrieb ihn, ohne lange zu fragen, an der Sorbonne in Chemie ein. „Dabei kann ich nicht einmal das einfachste algebraische Problem lösen. (…) Eines Morgens erwache ich in einem Labor zwischen farbigen Reagenzgläsern. Ich fühle mich dort genauso fehl am Platz wie ein Anarchist zwischen Derwischen oder Trappisten." Nach zwei Wochen gab er den weißen Kittel – der hatte ihm immerhin gefallen – verlegen, aber erleichtert zurück.

Ein alter Traum gewann erneut Macht über ihn: Palästina, das Gelobte Land, *Eretz Israel.* Im Mai 1948 endete das Mandat über Palästina, das die britische Regierung 1923 vom Völkerbund erhalten hatte. Die Vereinten Nationen beschlossen Palästina zu teilen und sprachen den Israelis das Recht auf einen unabhängigen Staat zu – dem wiederum die Arabische Liga sofort den Krieg erklärte. Von überallher strömten junge Juden nach Palästina, um die *Haganah,* die israelische Armee, zu verstärken oder die Untergrundkämpfer der *Irgun* zu unterstützen.

Elie war damals ein schlaksiger junger Mann von

19 Jahren mit linkischem Auftreten, unsportlich, nicht besonders kräftig, ohne jede militärische Erfahrung. Was ihn nicht hinderte, aus einer romantischen Aufwallung heraus zur *Jewish Agency* zu eilen und auf die Frage des Portiers stolz herauszuplatzen, er wolle Mitglied der Untergrundbewegung werden. Der Portier sah ihn von oben bis unten an, zog eine verächtliche Grimasse und schlug ihm die Tür vor der Nase zu.

Doch Elie konnte ziemlich stur sein. Er fand die Adresse der Druckerei heraus, die das Blatt der *Irgun* mit dem abenteuerlichen Titel *Zion im Kampf* produzierte, schrieb einen flammenden Brief an die namenlose Redaktion, wurde tatsächlich zu einem Gespräch eingeladen und von einem eleganten Mann mit Hornbrille und intellektuellem Habitus begrüßt: „Sie sind also Literaturstudent und wollen uns helfen?"

„So bin ich Journalist geworden."

Untergrundkämpfer an der Schreibmaschine

Heute noch staunt der Nobelpreisträger über die verschlungenen Pfade des Schicksals, das ihm plötzlich einen richtigen Job, ein bescheidenes, aber regelmäßiges Gehalt, ein Zimmer mit Waschbecken („was für ein Luxus!") und schließlich sogar die ersehnte Schiffspassage nach Israel bescherte. Anfangs befand er sich in einem Zustand der Ekstase: „Ich schäume über vor Energie, fühle mich wie ein kommender Eroberer, nur weiß ich nicht, was ich gerne erobern würde."

Seine romantischen Vorstellungen vom Untergrundkampf mußte er freilich bald begraben. Man verlangte keinen Schwur auf die Bibel von ihm, gab ihm weder einen Revolver noch einen Decknamen. Er kam mit keinen

Waffenhändlern in Berührung, sondern hatte hebräische Manuskripte zu übersetzen und dem Blatt mit Essays über Philosophie oder Beethoven einen kulturellen Anstrich zu verleihen. Doch er war glücklich, fühlte sich endlich gebraucht – und hatte sozusagen über Nacht den Beruf entdeckt, der ihm lag.

Ein zweiter Versuch, sich den bewaffneten Verteidigern des eben erst geborenen Staates anzuschließen, schlug fehl: Elie wollte sich freiwillig zur Armee melden, wurde aber vom Musterungsarzt als kriegsuntauglich abgelehnt. Doch das zarte Pflänzchen Israel durch gutgeschriebene Artikel unterstützen, bei den politisch interessierten Franzosen für die Sache der Juden werben, das konnte er. Elie trainierte sein Sprachempfinden, erwarb sich politische Kenntnisse, lernte es, sich auf Pressekonferenzen und Demonstrationen zu bewegen.

Und verabschiedete sich sehr schnell von dem naiven Schwarzweißdenken, das die Welt in sauber getrennte Bereiche von Gut und Böse einteilt und jungen Idealisten gut ansteht. Entsetzt verfolgte er das Schicksal der *Altalena*, eines von der *Irgun* gecharterten, mit tausend kampfbereiten Flüchtlingen sowie Waffen und Munition (Geschenke der französischen Regierung) besetzten Schiffes, das auf Befehl des israelischen Premierministers David Ben Gurion vor Tel Aviv mit Kanonen empfangen und versenkt wurde. Berühmtgewordene Militärs wie Mosche Dayan und Jitzhak Rabin leiteten die Aktion.

Die (provisorische) israelische Regierung berief sich auf den Bruch des UNO-Embargos durch die *Irgun*. Aber war es Ben Gurion nicht eher darum gegangen, Rivalen auszuschalten und der Untergrundbewegung einen Schlag zu versetzen, die vor kurzer Zeit noch versucht hatte, die Engländer aus dem Land zu bomben, und das internationale Ansehen des jungen Staates zu beflecken drohte? Durften Juden auf Juden schießen, auf ihre Brüder, die für die gemeinsame Sache kämpfen wollten? Elie war zutiefst verwirrt und schrieb seinen ersten Kommentar – voller Wut auf Ben Gurion, den er später für seine politische Weitsicht bewundern sollte.

Brennend gern hätte er sich an Ort und Stelle ein ungeschminktes Bild von den Konflikten gemacht! Das gelang ihm bald darauf, als die *Irgun* ihre Dependancen in Europa schloß und *Zion im Kampf* das Erscheinen einstellte. Zum Glück war Elie schon so gut im Journalistenmetier zuhause, daß er immer wieder einmal Aufträge von anderen Zeitungen oder Übersetzungsarbeiten ergatterte. Und tatsächlich verschaffte ihm ein französisches Magazin einen Platz als „Kriegsberichterstatter" auf einem Schiff, das nordafrikanische Immigranten nach Israel brachte. Im Jeep und auf dem Lastwagen durchstreifte er das Land. Zum ersten Mal sah er Jerusalem: „Ich liebte diese Stadt, schon bevor ich sie kannte ..."

Und erlebte auch Enttäuschungen. Die Arroganz, mit der alteingesessene Israelis die Überlebenden der Lager behandelten. Mitleid, aber wenig Respekt: „Ihr seid sechs Millionen gewesen und habt euch wie die Schafe zur Schlachtbank führen lassen?" Die Gleichgültigkeit dem Holocaust gegenüber, der anfangs in den israelischen Schulbüchern und im Lehrangebot der Universitäten kaum vorkam.

Und wieder ein glücklicher Zufall: Die „Morgennachrichten", *Yediot Aharonot*, suchten einen Korrespondenten in Paris. Es war zwar die kleinste israelische Zeitung und sie konnte nur ein Zeilenhonorar zahlen, aber für einen 20jährigen Berufsanfänger stellte das kulturell ambitionierte Blatt ein hervorragendes Sprungbrett dar. Für Elie war es jedenfalls der Beginn einer steilen journalistischen Karriere: Reportagen aus Spanien, Marokko, Südamerika, Indien, schließlich ein Job als ständiger Berichterstatter bei den Vereinten Nationen in New York.

Er war ein guter Journalist; was er schrieb, hatte Hand und Fuß, er entwickelte einen prägnanten, aussagekräftigen Stil, verbesserte sein bisher stark deutsch geprägtes Jiddisch, verlieh ihm etwas von der Geschmeidigkeit der französischen Sprache. In Indien lernte er sich englisch auszudrücken. Er entwickelte ein Gespür für brisante Themen und interessante Leute, er gewöhnte sich daran, in lauten Wartesälen und stickigen Zugabteilen zu schreiben, mit leerem Magen loszuziehen und fast ohne Schlaf auszukommen.

Nur sein Lampenfieber brachte er nicht los. Er war immer noch krankhaft schüchtern und wie gelähmt, wenn er jemand interviewen sollte. „Eine jede dieser Begegnungen war für mich wie eine Prüfung, bei der ich Angst hatte, durchzufallen." Zwecklos, sich zu sagen, daß Politiker, Filmstars und Schönheitsköniginnen auf die Aufmerksamkeit der Medien angewiesen und Journalisten deshalb die wahren Mächtigen sind: Er sei „wohl der einzige lebende Journalist", gestand Wiesel einmal, „der in Hunderten von Pressekonferenzen saß und nicht ein einziges Mal seine Hand erhob, um eine Frage zu stellen. Im Gegenteil, ich machte mich klein, ich bemühte mich, unsichtbar zu sein."

Am schlimmsten erschien ihm der Auftrag, Miss Europa auf ihrer Parisreise zu interviewen. Was fragte man so eine Frau? Ängstlich ließ er Mademoiselle erzählen, über ihre Diät und Gymnastik. „Als sie plötzlich Zahlen nennt, unterbreche ich sie: ,Ist das eine Telefonnummer?' (…) Woher sollte ich wissen, daß diese Zahlen ihre Brust-, Taillen- und Was-weiß-ich-noch-für-eine-Weite angeben?" Miss Europa amüsierte sich königlich über ihren weltfremden Gesprächspartner, und Elie schusterte im Schweiß seines Angesichts einen Artikel zusammen, „in der Hoffnung, daß ihn niemand liest oder daß man sich wenigstens nicht allzu sehr über mich lustig machen wird".

Mehr Glück hatte er wenig später mit Miss Israel; die mußte er nämlich nicht interviewen, sondern als eine Art „Anstandswauwau" durch Paris führen. Die Leserinnen einer *Yediot Aharonot* angeschlossenen Frauenzeitschrift hatten sie gewählt. Und siehe da, Miss Israel erwies sich als sehr gebildet und kulturell interessiert. Elie fand Gefallen daran, ihren Kavalier zu spielen und ihr endlose Geschichten über Paris zu erzählen – auch wenn die geschickt erfundenen Details aus den Dombauhütten und Revolutionstribunalen nicht immer stimmten.

Im übrigen gab es genug wahre Lebensabenteuer in der Gegenwart, die er in Reportagen goß oder für zukünftige Romane sammelte. Elie: „Damals wimmelte es in Paris von Käuzen und zwielichtigen Gestalten, echten Landstreichern und falschen Legionären, Devisenschiebern, gefallenen Prinzen, Gesundheitsaposteln und Vergnügungssüchtigen, Männern mit einem Dutzend Berufen und Männern ohne Beruf." Er fand sie im Quartier Latin und am Montparnasse. Aber auch in den Zentren der Macht: Pierre Mendès-France, Sozialist, Jude, 1954 zum französischen Ministerpräsidenten gewählt, im folgenden Jahr politisch gescheitert und 1956 wegen der harten Haltung der Regierung im Algerienkonflikt endgültig aus dem Kabinett ausgeschieden, faszinierte Wiesel und seine Leser in Israel.

Als zwischen Bonn und Tel Aviv über Wiedergutmachungszahlungen verhandelt wurde, sah er Deutschland wieder, verbrachte einen ganzen Tag allein im ehemaligen KZ Dachau – und war bestürzt: „Fast nirgends wird erwähnt, daß die Opfer Juden waren (...) Das Vergessen ist in Deutschland eine Staatsphilosophie." Beim Jüdischen Weltkongreß in Genf gehörte Wiesel zum Übersetzerteam – und entfesselte einen Skandal, weil er in seiner Zeitung über die zweifelhaften Argumente berichtete, mit denen der Präsident Nahum Goldmann hinter verschlossenen Türen seine Haltung in den Wiedergutmachungsverhandlungen gerechtfertigt hatte: Sentimentalität sei fehl am Platz, und die israelische Wirtschaft könne das deutsche Geld gut brauchen, hatte er den Kritikern geantwortet, die in solchen Transaktionen nur einen Verrat an den jüdischen Opfern sehen konnten. Als der Bericht erschien und Goldmann in Israel hart getadelt wurde, stritt er alles ab.

In Indien beschäftigte sich der Journalist Wiesel mit den Unterschieden zwischen hinduistischer, christlicher und jüdischer Askese, er entdeckte überraschende Parallelen zwischen Schiwa, dem jeder oberflächlichen Lebensführung abgeneigten Gott der Zerstörung, und dem Todesengel im Talmud – und freute sich über die religiöse Toleranz in einem Land, wo die Juden nie verfolgt worden waren. Aber er konnte nicht begreifen, wie eine zivilisierte Nation den Verhungernden auf den Straßen und den Leprakranken, den Parias und den vom Scheiterhaufen bedrohten Witwen derart gleichgültig gegenüberstehen konnte.

Die lächelnd vorgebrachten Hinweise auf den läuternden Wert des Leidens und die Seelenwanderung erbosten ihn: Für die Juden sei jedes Leid eine Beleidigung und eine Herausforderung. „Der Mensch soll seine Erfüllung im irdischen Dasein finden, so fordert es das Judentum: Er soll am Leben seiner Mitmenschen teilnehmen, Gutes vollbringen und die Ungerechtigkeit auf der Welt bekämpfen. Nach dem Tod ist es zu spät."

In Brasilien beobachtete er mißtrauisch die Versuche

katholischer Institutionen, die Not von Juden, die aus Osteuropa geflohen waren, für die eigenen Zwecke auszunutzen. Es kam vor, daß man ihnen die Übernahme der Reisekosten und 200 Dollar extra anbot, wenn sie zum Katholizismus übertraten.

Nach Frankreich zurückgekehrt, schlug er sich mit schriftstellernden jüdischen Marxisten herum, die er nicht verstehen konnte, weil Stalin ein Antisemit war und jüdische Intellektuelle foltern ließ. Er bekam eine eigene Kolumne für Kunst, Kultur und Klatsch unter dem Titel *Blitzlichter aus der Stadt der Aufklärung* – und lieferte nebenher einer hebräischen Monatszeitschrift Beiträge aus dem Pariser Kulturleben; die Themenauswahl war ihm überlassen, Hauptsache, es kam ein langer, tiefschürfender Artikel heraus.

Elie rannte vom Theater ins Kino und von der Nationalbibliothek zur neuesten Ausstellung und fühlte sich inmitten des flirrenden Lebens doch einsam, er verschlang Faulkner und Silone, er las „den gesamten Sartre" und alles von dessen Lebensgefährtin Simone de Beauvoir – und wurde die altmodischen, quälenden, mitleidlos alle Illusionen demaskierenden Fragen nicht los: „Kann jemand fern aller Religion heilig sein? (…) Wo hört die Verantwortlichkeit des Menschen auf, und wo beginnt die Verantwortung Gottes? Wäre folglich das Dasein ohne Gott absurd? Und kann man es überhaupt ohne Gott oder jenseits von Gott begreifen? (…) Ich suche, also bin ich. Ich bin, also suche ich, ich suche den Sinn in der Suche, den ersten und letzten Grund des Daseins."

Zu dieser Suche gehörten auch die Frauen, die ihn immer noch gleichzeitig magisch anzogen und in Schrecken versetzten: „Ist das die Liebe: wenn man keine Angst hat, sich lächerlich zu machen?" fragte er verzweifelt. Er lernte eine politisch engagierte rumänische Jüdin kennen, Dana, verliebte sich in ihre feurigen schwarzen Augen, ihren messerscharfen Verstand und ihr Talent, komische Geschichten ebenso schlüpfrig wie ironisch distanziert zu erzählen. „Soll ich ihr den Hof machen? Ich wage es nicht." Stattdessen ließ er sich, abgebrannt wie er war, von Dana ins Restaurant einladen und hörte sich ihre bissigen Kommentare zu seinen Artikeln an.

Er traf Hanna wieder, die in seinem gemischten Chor gesungen hatte – Elie hatte in der Zeit zwischen Kinderheim und Universität tatsächlich einen Chor geleitet – und die widerborstigste, eigensinnigste von allen gewesen war, nie einverstanden mit Programm, Interpretation und Terminplanung. Nun gestand sie ihm mit melancholischem Lächeln und völlig ungewohnter, fast unterwürfiger Freundlichkeit, sie habe sich doch nur so aufgeführt, weil sie in ihn verliebt gewesen sei; „wie konntest du die ganze Zeit über so blind sein?" Ob er sie heiraten wolle? Elie, völlig perplex, bat sich Bedenkzeit aus, fuhr erst einmal nach Südamerika, die Rückreise verzögerte sich, auch seine Briefe kamen nicht rechtzeitig an: Als er wieder in Paris war, hatte Hanna das Land verlassen, mit Ziel Palästina.

Schweigen aus Respekt vor den Toten?

Und die ganze Zeit schwieg Elie Wiesel über seine Erlebnisse in Auschwitz und Buchenwald, suchte er die Hölle zu verdrängen. Später erklärte er sein jahrelanges Schweigen damit, er habe der eigenen Erinnerung nicht getraut, habe geglaubt, wahnsinnig werden zu müssen, wenn die lebendig ins Feuer geworfenen Kinder vor seinem inneren Auge auftauchten. Das alles könne doch nur ein Alptraum gewesen sein!

„Was in Auschwitz und in Buchenwald getan wurde", gibt der Schriftsteller Martin Walser zu bedenken, ein Nichtjude, „kann nicht vergessen oder gar ,bewältigt' werden. (…) Um wirklich zu überleben, um wieder Anteil nehmen zu können am Leben von Menschen, die Auschwitz nur vom Hörensagen kennen, die also mit einiger Freude auf dem Balkon frühstücken können, um zu denen, zu den lebendigen Menschen zu gehören, müßte man Auschwitz vergessen. Dazu müßte man Vater und Mutter vergessen und zuallererst sich selbst."

Er wollte vergessen und konnte doch nicht. Hatte ihm nicht schon der Lehrer in der Schule beigebracht, daß seine Seele auf alle Ewigkeit im Schattenreich herumirren müßte, sollte er jemals den Namen seiner Mutter aus dem Gedächtnis verlieren? „Drei Tage nach deiner Beerdigung", so sagte man ihm damals, „wird ein Engel dreimal auf deinen Grabstein klopfen. Er wird deinen Namen wissen wollen und du wirst ihm antworten: ,Ich bin Eliezer, Sohn der Sarah.' Wehe, wenn du ihn vergißt!"

Aber ach, selbst wenn er es fertigbrachte, sich der beklemmenden Realität zu stellen, fand er keine Sprache, mit der sich das Unglaubliche sagen ließ: „Was wir erlitten haben", mußte er feststellen, „ist mit der Sprache nicht zu fassen, es ist auf der anderen Seite des Lebens und der Geschichte angesiedelt". Sämtliche verfügbaren Wörter erschienen ihm abgenutzt, unangemessen, einfältig, leblos; woher neue nehmen? Wie eine Sprache finden, die das Unnennbare ausdrücken konnte? Wiesel: „Die Wörter sind mehr Fesseln denn Anhaltspunkte, sie machen mich zögerlich. Ich traue ihnen nicht (…)."

Ganz abgesehen von der Perversion, die der Holocaust der Sprache angetan hatte. Nero und Attila, die Inquisition und Robespierre hatten gefoltert und getötet und sich dazu bekannt. Die Nazis dagegen nannten den Massenmord „Spezialbehandlung" und „reinigten" Europa von den Juden, indem sie verbrannten und vergasten, erschossen und erschlugen. „Es gibt bestimmte deutsche Wörter, die ich nicht mehr benutzen kann", sagte ihm die Dichterin Nelly Sachs einmal, und Wiesel ging es ebenso. George Steiner führte die anfängliche Sprachlosigkeit der deutschen Schriftsteller gegenüber dem Holocaust geradezu auf diese Korrumpierung der Sprache während des Dritten Reiches zurück.

„Mir war bewußt, daß die Aufgabe der Überlebenden darin besteht, Zeugnis abzulegen", präzisierte Wiesel, „doch ich wußte nicht, wie ich es anfangen sollte. Mir fehlten Erfahrungen, Anhaltspunkte. Ich mißtraute dem Rüstzeug, der Vorgehensweise. Mußte man alles oder nichts sagen? Schreien oder flüstern? Meine Angst wog so schwer, daß ich ein Gelübde ablegte, mindestens zehn Jahre nichts zu sagen, nicht an das Wesentliche zu rühren, bis ich klar sehe, bis ich gelernt habe, den Stimmen zu lauschen, die aus der meinen schreien, bis ich von meinen Erinnerungen wieder Besitz ergriffen habe, um die Sprache der Menschen mit dem Schweigen der Toten zu vereinen."

„In Auschwitz ist nicht nur der Mensch, sondern auch die Idee des Menschen gestorben", konstatierte er viel später und erschrak selbst über die Konsequenzen seiner Behauptung. „In Auschwitz hat die Welt ihr Herz verbrannt."

War Schweigen, vollkommenes, ewiges Schweigen nicht die einzige angemessene Antwort auf dieses Ereignis? Wog der Verzicht auf Sprache nicht schwerer als alle Wörter? Mußte das Reden über die Vernichtungslager nicht in geschwätzige Analysen ausarten? Drohte es nicht im klugen Abwägen zu enden, welche Motive die Täter trieben und ob die Opfer nicht doch irgendwie mit schuld gewesen sein konnten? Schweigen aus Respekt vor den Toten.

Vier Jahrzehnte später sollte Wiesel angewidert den so-genannten „Historikerstreit" in Deutschland verfolgen, ausgelöst von dem Berliner Professor Ernst Nolte, der die Meinung vertrat, so einzigartig sei Auschwitz nun auch wieder nicht gewesen, die Bolschewiken hätten mit ihren Internierungslagern und dem Archipel Gulag schon früher etwas Ähnliches praktiziert. Stalins Klassenmord als Vorbild für Hitlers Rassenmord. Für Wiesel bedeuten solche Versuche, Auschwitz „einzuordnen", den Umgang mit dem Grauen zu „normalisieren", immer auch Verdrängung, und vom Verdrängen ist es nicht mehr weit bis zum Leugnen. Man müsse festhalten, daß kein Volk in der Geschichte – einzige Ausnahme: die Etrusker in der Antike – komplett zur Vernichtung bestimmt gewesen sei. Zu Auschwitz gebe es keine Parallele.

Nicht minder kritisch steht Wiesel den Versuchen gegenüber, die Massenvernichtung im Stil eines Thrillers dramaturgisch aufzubereiten, wie es etwa in der amerikanischen TV-Serie *Holocaust* geschah. „Tricks und Spezialeffekte anzuwenden, um das Unsagbare zu bebildern, ist moralisch unzulässig", monierte er in einer aufsehenerregenden Rezension in der *New York Times*. „Schlimmer noch: Es ist schamlos. Die letzten Augenblicke der Opfer gehören ihnen, und zwar ihnen allein." Wiesel warf den Produzenten vor, das grauenhafte Geschehen in eine „Seifenoper" verwandelt und so offensichtlich mit dramatischen Effekten, Rührseligkeiten und Übertreibungen gespielt zu haben, daß am Ende die historische Wahrheit des Holocaust selbst unglaubwürdig werde. Wie solle der Zuschauer Fakten und Phantasie unterscheiden können? Erst nachher erfuhr der Kritiker, dass die Regie zwei ehemalige SS-Offiziere als gut bezahlte Berater hinzugezogen hatte, aber keinen einzigen überlebenden KZ-Häftling.

Schweigen, dezentes Schweigen aus Respekt vor den

Toten! Und dann glaubte Wiesel wieder genau zu wissen, daß er reden *mußte* – daß er nur am Leben geblieben war, um Zeugnis abzulegen. Erregt, beschämt, bis ins Mark erschüttert las er vom Aufstand der Häftlinge von Treblinka, der auch den Zweck hatte, wenigstens einen Menschen aus dem Lager zu bringen, der draußen berichten konnte. Er erfuhr von den Chronisten, die es in jedem Getto, in jedem Vernichtungslager gab, von den in Mauerluken und vergrabenen Tonkrügen versteckten Tagebüchern und von dem Spruch, der an die Wand einer KZ-Latrine gekritzelt war: „Verdammt sei der, der schweigt, wenn er die Freiheit wiederfindet!"

„Sie hofften nicht mehr, daß ihnen geholfen würde", hielt Elie fest, „sie wußten, sie waren jenseits aller Hilfe, aber sie wollten, daß ihrer gedacht würde". Mit dem Vergessen ihrer Leiden, mit dem dreisten Leugnen ihres Todes bringe man die Juden zum zweiten Mal um. „In uns allen, die wir in jener Hölle waren, lebte nur eine Angst: die, der Letzte zu sein. Der letzte Bote, der letzte Zeuge, der letzte, der noch am Leben war. Würde auch er, würden auch wir noch sterben, dann hätte der Feind endgültig den Sieg davongetragen (...)."

Deshalb entschloß sich Elie Wiesel nach zehnjährigem Zögern und Ringen, vom Holocaust – den Begriff hat er geprägt – zu sprechen und über das Unvorstellbare zu schreiben: „Um jene Opfer dem Vergessen zu entreißen. Um den Toten zu helfen, den Tod zu bezwingen."

Reden mit angehaltenem Atem

„Wie läßt sich eine Geschichte erzählen, die unmöglich erzählt werden kann und zugleich unbedingt erzählt werden muß?"

So formulierte Wiesel in seiner *Holocaust*-Rezension in der *New York Times* das ganze verteufelte Dilemma. Über Auschwitz zu reden, bedeutet immer auch, das Unfaßbare zu relativieren, das Unbegreifliche verstehbar zu machen, das Problem bewältigen zu wollen, Motive der Täter herauszufiltern, einen wie auch immer gearteten Sinn im grauenvollen Geschehen zu finden. Auschwitz als Mahnung, als Abschreckungsmittel, als Lehrbeispiel, Auschwitz als Strafe Gottes, als Gipfel menschlicher Hybris – alles gutgemeinte Manipulation, Mißbrauch der Opfer, Leichenfledderei, um es hart zu sagen. Auschwitz ist nicht „vermittelbar", der Holocaust läßt sich nicht beschreiben.

Niemand, „ich selbst eingeschlossen", habe das Recht, im Namen der Toten zu sprechen, sich der Erinnerung an sie zu bemächtigen, gibt Wiesel zu bedenken und plädiert für „Demut", für Schamgefühl im Verhalten und einen „leisen Ton" in der Sprache.

Doch werden die Toten nicht auch durch Schweigen verraten? Gab es etwas Unerträglicheres für die Opfer als das Schweigen der Welt zur Judenverfolgung, das Schweigen Gottes angesichts des Leidens seiner Kinder? Ist die unausweichliche Konsequenz des Schweigens nicht das Vergessen?

Um das Dilemma zu lösen, greift Wiesel auf eine verblüffende Möglichkeit in der jüdischen (und biblischen) Tradition zurück: Hier entpuppt sich das Schweigen unversehens als kostbares Mittel der Kommunikation. Mitteilung *durch* Schweigen. Der französische Rabbiner und Literaturwissenschaftler André Neher hat dieses Leitmotiv in Wiesels Werk bereits 1970 gründlich untersucht, und der deutsche Wiesel-Übersetzer Reinhold Boschki, wohl der beste Kenner seiner Ideen und Schriften hierzulande, kam in neueren Analysen zu ähnlichen Ergebnissen.

Jüdische Mystiker und chassidische Weise haben laut Boschki immer schon die Ansicht vertreten, daß sich bestimmte Erfahrungen nur durch Schweigen mitteilen lassen. „Es gibt siebzig Arten, die Torah zu rezitieren", stellte einer von ihnen fest. „Eine davon ist: durch Schweigen." Und die Kabbala versuchte die Botschaft der unbeschriebenen weißen Flächen in der Torahrolle zu entschlüsseln. In einer Religion, die es untersagt, sich ein Bild von Gott zu machen und seinen Namen unnütz auszusprechen, erscheint so eine Theologie des Schweigens nur konsequent.

Getreu dieser Tradition, wagt Wiesel sich dem Unsagbaren nur in behutsamen Metaphern zu nähern, in Bildern, die das Entsetzliche ahnen lassen und gleichzeitig deutlich machen, daß es sich nie voll begreifen oder auch nur wiedergeben läßt. Der „Rauch" der Krematorien als Symbol für den fabrikmäßig betriebenen Mord. Das „Königreich der Nacht" als schwache Benennung einer Gegenwelt, für die das menschliche Gehirn keinen Namen hat. Dichter wie Paul Celan oder Nelly Sachs haben die Sprache ähnlich dezent benutzt, sich vorsichtig an Wörter herantastend, die blaß und unbefriedigend bleiben mußten, selbst wenn ihnen so suggestive Bilder gelangen wie Celan in seiner *Todesfuge:*

> „Dein aschenes Haar Sulamith wir schaufeln ein Grab in den Lüften da liegt man nicht eng
> (...) der Tod ist ein Meister aus Deutschland
> er ruft streicht dunkler die Geigen dann steigt ihr als Rauch in die Luft
> dann habt ihr ein Grab in den Wolken da liegt man nicht eng"

Auch Wiesel kann die Annäherung nur versuchen; es gibt Passagen in seinen Büchern und häufiger noch in seinen auf Pathos und Rhetorik keineswegs verzichtenden Reden, da gerät ihm die Suche nach den Wörtern zur hilflosen Geschwätzigkeit. Der Sündenfall, vor dem kein Autor gefeit ist.

Was er fordert, bleibt dennoch gültig: Schweigen, ohne zu *ver*schweigen. Erinnerung, die einen Umweg nehmen muß: „den Umweg über das Schweigen, das stumme Anhalten des Atems angesichts der Schrecken" (Boschki). „Unbedingte Solidarität mit den Opfern bei gleichzeitiger ‚Unberührbarkeit' der Toten" nennt Reinhold Boschki diese Gratwanderung. Wiesel habe das Kunststück vorexerziert, „das Schweigen zu wahren und dennoch das Eingedenken nicht zu verdrängen, die Unmöglichkeit der Vermittlung mitzuteilen und dennoch die Erinnerung wachzuhalten".

„Eingedenken" heißt das Zauberwort, Erinnerung. Gemäß einem alten chassidischen Motto: „Verdrängen hält die Erlösung auf. Erinnerung bringt sie näher."

Den entscheidenden Anstoß, das Schweigen zu brechen, erhielt Wiesel bei einem Interview mit dem Schriftsteller François Mauriac. Er zählte zu den Leitfiguren des französischen Katholizismus. Im Krieg hatte er einer Widerstandsgruppe gegen die deutschen Besatzer angehört. Mauriac sprach voller Bewunderung über den zähen Glauben des jüdischen Volkes und – eine seiner Lieblingsideen – über den Juden Jesus, der Israel nicht habe retten können und schließlich der ganzen Menschheit zum Retter geworden sei. Da brach die komplette aufgestaute Erbitterung aus Elie heraus: Die Christen redeten immer von der Todesqual ihres Erlösers. Er, Elie, habe jüdische Kinder gekannt, von denen jedes tausendmal mehr gelitten habe als Jesus am Kreuz, und von denen spreche niemand!

Erregt, verwirrrt, über sich selbst erschrocken schlug der aus der Rolle gefallene Interviewer die Tür hinter sich zu. Zum ersten Mal hatte er sich als KZ-Überlebender bekannt, zum ersten Mal seinen Haß, seinen Schmerz hinausgeschrien!

„Im selben Moment hörte ich, wie die Tür hinter mir aufging. Mit einer unnachahmlich bescheidenen Geste berührte der alte Schriftsteller meinen Arm und bat mich zurückzukommen. Wir gingen wieder in das Arbeitszimmer und saßen uns nun gegenüber. Plötzlich begann der Mann, den ich eben erst beleidigt hatte, zu weinen."

Es war – das stünde jetzt in einem melodramatischen Drehbuch – der Beginn einer wunderbaren Freundschaft. Der Katholik überzeugte den Juden davon, daß er es den Toten schuldig sei, sein Schweigen zu brechen. 1956 erschien Elie Wiesels erster Bericht über die Vernichtungslager, 250 Seiten stark, auf Jiddisch unter dem Titel *Un di Welt hot geschvign* in Argentinien. Ursprünglich waren es 800 Seiten gewesen, in hebräischer Sprache, gleich nach der Lagerzeit verfaßt. Zwei Jahre darauf die weiter gekürzte endgültige Fassung in französisch: *La Nuit* („Die Nacht").

Mauriac hatte seinen ganzen Einfluß geltend machen müssen, um einen Verleger für das schaurige Thema zu interessieren. „Die Leute wollen solche Geschichten nicht mehr lesen", sagte man ihm (als hätten sie sich in den ersten Nachkriegsjahren darum gerissen). In Amerika bekam Wiesel bald darauf die gleichen Probleme. Ein Ablehnungsbrief folgte dem andern, und in jedem stand dasselbe: „Blendend geschrieben, aber für unsere Leser zu traurig." Auch die Kritiker reagierten nicht gerade mit heller Begeisterung. „Redseliger Schreckensbericht" titelte der Berliner *Tagesspiegel* und bescheinigte dem Autor, „die Trostlosigkeit mit zynischem Pathos vorgetragen" zu haben.

Das verunsicherte Echo überrascht nicht. Wiesels erste Romane hatten zwar wenig von Redseligkeit oder Pathos an sich, doch kaum erträglich schienen die Details, die da im Protokollstil eines nüchternen Beobachters geschildert wurden. Etwa jene Rückblende in *Le jour* („Der Tag", 1961 nach *La Nuit* und *L'aube*, „Morgengrauen", als dritter Teil einer Trilogie erschienen):

„Sie waren zu zehnt im Bunker. Nacht für Nacht hörten sie die deutschen Polizeihunde, die in Ruinen den Juden nachspürten, die sich in unterirdischen Verstecken verschanzt hatten. Schmuel und die anderen vegetierten fast ohne Wasser und Brot, fast ohne Luft dahin. Aber sie hielten durch. Sie wußten, daß sie dort unten in ihrem engen Gefängnis frei waren, denn oben wütete der Tod. Eines Nachts wäre es fast zur Katastrophe gekommen. Schuld war Golda, die ihr Kind, einen wenige Monate alten Säugling, mitgebracht hatte. Das Kind begann zu weinen und setzte damit das Leben aller aufs Spiel. Golda versuchte es zu beruhigen, es in den Schlaf zu wiegen. Vergebens. Nun wandten sich die anderen, mit denen Golda sich zusammengetan hatte, an Schmuel und sagten: ‚Bring es zum Schweigen. Beschäftige dich mit ihm, da dein Handwerk doch das Abwürgen von Hühnern ist. Du wirst es gewiß fertigbringen, ohne daß es allzu sehr leidet.' Schmuel unterwarf sich dem Argument: das Leben eines Säuglings gegen das Leben aller. Er nahm das Kind, im Dunkeln fanden seine tastenden Hände den Hals. Es wurde still im Himmel und auf Erden. Nur die Hunde in der Ferne bellten weiter."

Heute ist *La Nuit* in mehreren Millionen Exemplaren verbreitet. Und Elie lernte mit seinen fürchterlichen Erinnerungen zu leben, den Schmerz zuzulassen und in Kraft zu verwandeln, getreu der alten chassidischen Weisheit: „Nur ein gebrochenes Herz ist ein ganzes Herz."

Als im selben Jahr wie *La Nuit* Mauriacs literarisches Glaubensbekenntnis *Der Menschensohn* erschien, ein liebevoll erzähltes Leben Jesu, da wunderten sich seine treuen Leser über die ungewöhnliche Widmung: „Für Elie Wiesel, als jüdisches Kind gekreuzigt. Sein Freund François Mauriac."

Die schweigenden Komplizen

Im Talmud gibt es eine scheinbar grausame Geschichte: Zwei Männer ziehen durch die endlose Wüste. Sie drohen zu verdursten, und nur einer der beiden besitzt eine Kürbisflasche, deren Wasser auch nur für einen Mann reichen wird. Sollen sie das kostbare Naß teilen, auch wenn damit beide ihr Leben riskieren? Natürlich, wird jeder sagen. Der berühmte Rabbi Akiba aber vertrat die These, kein Mensch verfüge über sein Leben und dürfe es opfern. Deshalb solle der Besitzer der Flasche getrost sein Wasser trinken, um am Leben zu bleiben. „Um alles andere soll Gott sich kümmern."

Die Entscheidung eines typischen Dogmatikers, stur und unmenschlich – dachte anfangs auch Elie Wiesel. Erst allmählich wurde ihm der Sinn der Geschichte klar: Der Mensch, der einen Freund überlebe, sei auf ewig in die Pflicht genommen. „Denn um jeden Tag seines Lebens zu rechtfertigen, spricht er von nun an auch in seinem Namen. Darin besteht also das Privileg und die Last des Überlebens, daß es eine Schuld gegenüber den Toten mit einschließt."

Der Überlebende leidet unter einer schrecklichen Belastung: Warum bin ich noch hier, während so viele andere tot sind? Hat ein Kamerad, ein Unbekannter an meiner Stelle sterben müssen? Bin ich die Ursache, ja vielleicht die Bedingung seines Todes? Bin ich schuldig, weil ich noch lebe? Ja, Gott hat mich gestraft, weil er gerade mich am Leben ließ! Die einzige Möglichkeit, das eigene Weiterleben anzunehmen, liegt darin, es als Verpflichtung zu sehen.

Elie hat die eigene Zeugenschaft freilich nie überschätzt – auch als er längst ein weltbekannter Autor geworden war, mit Literaturpreisen und Ehrendoktorhüten überhäuft. „Alles, was mir bleibt, sind Worte", setzte er solcher Bewunderung nüchtern entgegen, „altmodische, verbrauchte Worte, zu nichts mehr nütze unter ihrer dicken Schminke, fallengelassen über den Friedhöfen der Verbrannten."

Als das Gewissen der Welt spielt er sich nicht auf. Aber er *muß* schreiben, er kann nicht anders – auch wenn er lieber Geschichten von Freundschaft und Liebe erfinden würde, statt wieder und wieder von den Gettos und Lagern zu sprechen, von grinsenden Henkern und hingeschlachteten Kindern. Elie: „Ich versuchte die Gespenster, die in mir hausten, zum Sprechen zu bringen. Soll das heißen, daß die Wunde langsam vernarbt? Nein, sie brennt weiter."

Er *muß* reden, schreiben, aus Achtung vor den stumm gemachten Toten. Er muß den Mund auftun, weil Verdrängen krank macht und die schreckliche Vergangenheit nur besiegt werden kann, wenn man sich mit ihr auseinandersetzt. Er muß sich zu Wort melden, damit das Leid der Opfer nicht vergessen wird und die Mörder nicht noch einmal triumphieren.

Er *muß* schreiben, damit man sich nicht an das Entsetzliche gewöhnt. Denn schlimmer als die Brutalität der Gewaltmenschen ist für ihn die Gleichgültigkeit der Zuschauer, grausamer als das Zuschlagen der Täter die schweigende Komplizenschaft des Publikums. In seinem

Roman *Gezeiten des Schweigens* schildert er einen Mann, der ohne jede Gefühlsregung hinter seiner schützenden Gardine den Abtransport der Juden aus Sighet beobachtet. Er sagt kein böses Wort, er begeht kein Verbrechen, aber seine Passivität schafft den Henkern freie Bahn.

In der Literatur zum Holocaust gibt es kaum ein beklemmenderes Gleichnis für die Schuld einer untätig zusehenden Welt:

„Die Juden füllten den Hof der Synagoge. Sie trugen auf den Schultern, was sie von einem ganzen Leben der Arbeit tragen konnten. (...) Der ewige Jude, den Verbannungsstab in der Hand, sollte weiterwandern. Der ewige Jude sollte der leiblichen Vernichtung seines Daseins, der ‚Endlösung‘ entgegenziehen. (...) Verstörte, stumme Gespenster. Man wartete auf den Marschbefehl. Die ungarischen Polizisten, die schwarze Feder an der Kappe, kamen und gingen, den Karabiner schußbereit, den Knüppel bereit zum Hieb.“

„In diesem Augenblick sah ich es. Ein Gesicht im gegenüberliegenden Fenster. Die Vorhänge verbargen alles andere, nur der Kopf war sichtbar. Er glich einem geschwollenen Ball. Ein Kahlkopf mit plattgedrückter Nase und großen leeren Augen. Ein nichtssagendes, alltägliches, gelangweiltes Gesicht, das nie eine Leidenschaft bewegt hatte. Ich habe es lange beobachtet. Er sah hinaus, kein Mitleid spiegelte sich in seinen Zügen, weder Freude noch Schrecken, nicht einmal Zorn oder Neugierde. Regungslos, kühl, unpersönlich. Das Schauspiel ließ ihn kalt. Was, diese Leute sollen sterben? Das ist doch nicht seine Schuld, er hat die Entscheidung doch nicht getroffen. Er ist weder Jude noch Judengegner, er ist ein einfacher Zuschauer, sonst nichts.

Sieben Tage lang füllte und leerte sich der große Hof der

alten Synagoge. Er, hinter den Vorhängen stehend, sah zu. Die Polizisten schlugen Frauen und Kinder; er rührte sich nicht. Es ging ihn nichts an. Er war weder Opfer noch Henker: er war Zeuge und weiter nichts. Er wollte ruhig leben.

Sein völlig ausdrucksloses Gesicht verfolgte mich Jahre hindurch."

„Wie kann man weiterhin die Frau umarmen, die man liebt; inbrünstig, wenn nicht gläubig zu Gott beten; von kommenden Tagen träumen, die singen – nachdem man *das* gesehen hat? (…) Ist sein Schlaf leicht, ruhig? Hat er genug zu essen? Erinnert er sich?"

„Die anderen, alle anderen, das war er. (…) Der Zeuge ist nicht greifbar. Er sieht, ohne gesehen zu werden. Er ist da, ohne sich bemerkbar zu machen. Das Rampenlicht schützt ihn. Er klatscht nicht Beifall, er erhebt keinen Einspruch: seine Gegenwart weicht aus und verpflichtet ihn weniger als seine Abwesenheit. Er sagt weder ja noch nein, auch nicht vielleicht. Er sagt nichts. Er ist da, handelt aber so, als sei er nicht da. Noch schlimmer: er handelt, als seien wir nicht da."

Die „freie Welt" sah gleichgültig zu

In seinem Essay *Plädoyer für die Toten* kommt Wiesel noch einmal auf jene furchtbare Nacht zurück, als er mit den anderen aus Sighet Deportierten im KZ ankam. Die jungen, kräftigen Burschen unter den Juden hätten sich keineswegs stumm und ergeben in den Tod schicken lassen, stellt er klar. Sie hätten in aller Eile Möglichkeiten erörtert, die Außenwelt zu alarmieren; „sie waren noch so naiv und glaubten, die Deutschen verrichteten ihre Arbeit wie Diebe im geheimen; sie nahmen an, die Alliierten wären nicht unterrichtet, da sie sonst dem Massaker sofort Einhalt geboten hätten. ‚Wir werden kämpfen!' riefen sie. ‚Wir werden das Schweigen brechen, und die Welt wird erfahren, daß Auschwitz eine Realität ist.'"

„Niemals werde ich den Greis vergessen, der mit ruhiger, mit schrecklich ruhiger Stimme ihnen antwortete: ‚Ihr seid jung und tapfer, meine Kinder. Die Welt weiß. Sie wußte es vor uns, doch es kümmert sie nicht, nicht eine Minute würde sie verlieren, um an unser Los zu denken. Euer Aufstand würde ohne Echo bleiben.'"

Der alte Mann hatte die Judenverfolgung in Polen erlebt und nach Sighet fliehen können, während seine Familie ausgelöscht wurde. „Spart eure Kräfte für später auf", riet er den Jungen, die nicht nachgeben wollten und ihm entgegenhielten: „Auch wenn Sie recht haben, wenn es stimmt, was Sie sagen, ändert das nicht die Lage. Beweisen wir Mut und Würde! Zeigen wir den Mördern und der Welt, daß die Juden als freie Männer und nicht als gebrochene Kranke sterben!"

„‚Als Lektion gefällt mir das', sagte der Greis. ‚Allein, sie verdienen es nicht.'"

Die Passivität der sogenannten freien Welt damals, als sein Volk massakriert wurde, gehört zu den spukhaften Erfahrungen, mit denen Elie Wiesel zeit seines Lebens nicht fertiggeworden ist. Hätten all die Millionen elend sterben müssen, wenn Churchill und Roosevelt etwas getan hätten, wenn der Papst zum Widerstand aufgerufen hätte, statt die Verfolgten nur in Klöstern und Bischofsresidenzen zu verstecken? Warum lehnten es die Londoner Regierung – vom Zionistenführer Chaim Weizmann alarmiert – und das Weiße Haus ab, die Eisenbahnlinien nach Auschwitz zu bombardieren? Warum schickten sie sämtlichen Widerstandsgruppen in den von Nazi-Deutschland besetzten Ländern Waffen, Funkgeräte und Schulungsagenten, nur den jüdischen nicht?

Entwickelten die Deutschen ihre Vernichtungspolitik nicht vorsichtig Schritt für Schritt, nach jedem neuen Schlag erst einmal die Reaktion der übrigen Welt abwartend? Konnten sie nicht jedesmal befriedigt feststellen, daß man sie gewähren ließ? Am Ende durften sie ernsthaft überzeugt sein, „die anderen Völker wären ihnen eines Tages dankbar, diese Arbeit für sie verrichtet zu haben. Fast alle Nazigrößen erwähnten diese Vorstellung in ihren Büchern und Reden. Sie töteten die Juden nicht allein zum Wohle Deutschlands, sondern zum Wohle der Welt. Man sollte den Deutschen nicht vorhalten, nur an sich gedacht zu haben."

Die – allgemein zugänglichen – Beweise, die Wiesel für seine ungeheuerlich klingenden Behauptungen liefert, sind geeignet, dem Leser oder Hörer kalte Schauer über den Rücken zu jagen. Konnte der Judenschlächter Adolf Eichmann, in Jerusalem vor Gericht gestellt, nicht mit zynischer Ironie feststellen: „Selbst wenn ich eine Million Juden hätte verkaufen können, welches Land hätte sie genommen?" Verschlossen die Engländer den Todeskandidaten nicht die Türen nach Palästina? Beschränkte die vielgelobte Schweiz ihre Aufnahmebereitschaft nicht auf die Begüterten (um später wenigstens noch die Kinder ins Land zu lassen)? Untersagten die Behörden in London, Washington, Basel, Stockholm nicht kategorisch die Veröffentlichung der grauenvollen Fotos aus den Vernichtungslagern, die sie seit 1942 in den Händen hatten? Wer reagierte auf den polnischen Judenführer Arthur Ziegelbaum, als er sich in London am hellichten Tag eine Kugel in den Kopf schoß, um gegen die Tatenlosigkeit der Alliierten zu protestieren? Warum gehörte die – sozusagen nebenher und zufällig absolvierte – Befreiung der KZs in keinem Generalstab zu den vorrangig definierten Kriegszielen?

Und die Hilfsbereitschaft der einzelnen? Wiesel weiß um die Tapferkeit jener kleinen Angestellten und Fabrikarbeiter, Bauersfrauen und Ordensschwestern, Gymnasiasten und sogar Soldaten, die ihr Leben riskierten, um Juden zu warnen, zu verbergen, außer Landes zu schaffen. Aber warum waren es so wenige? „O ich weiß, daß es gefährlich war; aber der Krieg ist gefährlich (...). Wie ist es möglich, daß nicht mehr Leute, Männer oder Frauen, Bauern oder Arbeiter oder Kaufleute, die Tür geöffnet haben und gesagt: Bitte, kommt herein?"

„Die Juden waren allein", stellt er traurig fest, „die einsamsten Menschen des Krieges." Und sie blieben weitgehend allein, als der Faschismus überwunden war: Im September 1945 ging dem US-Präsidenten Harry Truman ein amtlicher Bericht zu, der die Zustände in den Lagern für *Displaced persons* in Deutschland und Österreich schilderte. Die heimatlosen Juden lebten hier nach wie vor hinter Stacheldraht, unter miserablen hygienischen Bedingungen und schlecht ernährt. Viele von ihnen mußten die alte Häftlingskleidung oder, eine noch schlimmere Demütigung, deutsche SS-Uniformen tragen. Man gewinne den Eindruck, so kommentierte die *New York Times* den Bericht, „wir behandelten die Juden so, wie sie von den Nazis behandelt wurden, nur daß wir sie nicht vernichteten".

Auch Wiesel gab später einen Kommentar zu der Denkschrift ab, einen sehr selbstkritischen, voller Scham und Schmerz: „Die jüdische Führungsschicht, die jüdischen Intellektuellen, die Humanisten in New York, Washington, Los Angeles und Chicago, sie alle haben diesen Bericht sicherlich gelesen; sie wußten, daß ihre Brüder und Schwestern noch immer in Deutschland litten – und was haben sie getan, um ihr Los zu verbessern?"

„Wir haben uns wie eine Schafherde
abführen lassen"

Wiesel ist souverän genug, auch die Fügsamkeit der Opfer zu kritisieren. „Wir sind in den Tod gegangen, als handle es sich um ein Spiel", sinniert er in *Gezeiten des Schweigens*. „Wir haben keinen Einspruch erhoben, wir haben nicht gekämpft, wir haben unser Los als Opfer hingenommen. Selbst eine schlecht geleitete Revolte hätte Aussicht auf Erfolg gehabt, aber sie ist nicht ausgebrochen. Wir haben uns wie eine Schafherde abführen lassen."

Er nimmt sich freilich auch das Recht, zynische Spötter und oberflächliche Kritiker darauf hinzuweisen, daß es mancherorts einen geradezu heldenhaften Widerstand gab – man denke an den Löwenmut der Verteidiger des Warschauer Gettos. Daß außerdem der weitgehende Verzicht auf Gegenwehr vielschichtige Motive hatte: Verhielten sich viele Juden vielleicht deshalb so passiv, weil sie begriffen hatten, daß ihnen niemand helfen würde, daß sie ihre zivilisierte Mitwelt dem Henker ausgeliefert hatte? „Könnte es sein, daß die Juden nicht bereit waren, für eine Welt zu kämpfen, die sie enttäuscht, herabgewürdigt und verraten hatte? Als würden sie ihr ins Gesicht spucken und sagen: Es ist besser zu verschwinden, als in einem weltweiten Sodom zu leben."

Und schließlich erinnert er sehr nachdrücklich daran, daß die scheinbare Fügsamkeit der jüdischen „Lämmer" keineswegs Passivität bedeutete, daß ihr Widerstand oft auf einer anderen Ebene lag – was sich freilich ohne Kenntnis ihrer Glaubenstradition, vor allem der chassidischen, nur schwer erschließt. Immer schon haben sich Juden gegen Repression und Verfolgung, Gesinnungszwang und Demütigung, Folter und Todesdrohung gewehrt, indem sie unbeirrt an ihrer religiösen Praxis festhielten und ihre vordergründig siegreichen Gegner damit ins Leere laufen ließen.

Ganz abgesehen von solchen Glanzlichtern gewaltlosen Widerstandes, wie sie Wiesel etwa von den „Sonderkommandos" berichtet. Hinter dem harmlosen Wort verbirgt sich wieder einmal eine besonders perfide deutsche Erfindung: KZ-Häftlinge wurden gezwungen, bei Massenerschießungen Gruben für die Todeskandidaten auszuheben oder die Leichen ihrer Mitgefangenen aus der Gaskammer zu schaffen und in die Verbrennungsöfen zu werfen; Schmutzarbeit, für die sich die Herrenmenschen oft zu fein waren. Vor allem die aus Griechenland Deportierten ließen sich lieber selbst erschießen, als ihren Peinigern diesen Dienst zu tun. Und der Großrabbiner aus Wiesels Heimatstadt Sighet, Rabbi Jekutiel Jehuda Teitelbaum, stürzte sich blitzschnell in die Flammen, als man von ihm verlangte, die Öfen mit dem Fleisch seiner Glaubensbrüder zu füttern.

Menschen wie Teitelbaum singt der Chronist Wiesel erschütternde Loblieder. Gleichzeitig übt er scharfe Kritik an der eigenen Glaubensgemeinschaft, wo es ihm notwendig erscheint. Er hat die Versäumnisse der mit ihren eigenen Richtungskämpfen beschäftigten jüdischen Organisationen in den USA angeprangert und die Gleichgültigkeit des im Entstehen begriffenen Judenstaates in Palästina: Ein Haus, eine Fabrik oder eine Schule dort im Gelobten Land sei wichtiger gewesen als die Unterstützung für die verfolgten Glaubensbrüder in Europa.

Im Mai 1944, „als jedes Kind in Brooklyn, Whitechapel und Tel Aviv bereits wußte, daß Treblinka und Birkenau etwas anderes waren als kleine Provinzbahnhöfe", habe kein Mensch die ungarischen und rumänischen Juden vor ihrem drohenden Schicksal gewarnt. Die Landung der Alliierten in der Normandie sei damals noch eine Frage von Tagen gewesen, die Rote Armee sei 50 Kilometer von Sighet entfernt gestanden, nachts habe man das Grollen der Kanonen gehört. Aber niemand habe den nichtsahnenden Juden dort geraten, sich ein paar Tage in den umliegenden Gebirgszügen zu verstecken!

„Was uns geschieht, kann der ganzen Menschheit geschehen"

Doch es geht gar nicht allein um das dezimierte jüdische Volk: Der Judenhaß habe immer schon seine Grenzen überschritten und bald auch andere Minderheiten erfaßt, der Antisemitismus sei nur das Symptom einer menschenverachtenden Grundhaltung. Wiesel: „Es beginnt mit dem Haß auf die Juden und endet mit dem Haß auf alle, die anders sind, die von anderswoher stammen, die auf andere Weise denken und anders leben."

„Alles, was uns geschieht, kann der ganzen Menschheit geschehen", weiß der Zeuge. Er *muß* schreiben, damit sich die Geschichte nicht wiederholt, damit die Menschheit nicht einem „nuklearen Holocaust", wie er es nennt, zum Opfer fällt.

Von Auschwitz und Treblinka ist der Flammentod nach Dresden und Coventry gewandert, nach Hiroshima und Nagasaki, Hanoi in Vietnam und Soweto in Südafrika. „Und in der Ferne", notiert Wiesel beklommen, „bemerke ich den riesigen Schatten, der einem ungeheuer großen und hohen Pilz gleicht, der Himmel und Erde wieder miteinander verbindet, um sie zu verdammen und zu vernichten. (...) Der Messias läuft Gefahr, zu spät zu erscheinen, er wird kommen, wenn es niemand mehr gibt, der noch zu retten ist."

An zu vielen Orten sei der Haß zu Hause, gibt er zu bedenken. „Zu viele Finger laufen Gefahr, auf den Auslöser der Atombombe zu drücken." Oft genug habe in der Geschichte ein fataler Zufall oder Irrtum genügt, das Unmögliche Realität werden zu lassen. Ein einzelner Mensch, eine einzelne Kugel, abgefeuert auf den österreichischen Thronfolger Ferdinand, löste 1914 letztlich den Ersten Weltkrieg aus. Heute benötige eine Atomrakete 27 Minuten zu ihrem Ziel, rechnete Wiesel 1987 vor: Zeit genug, um in Washington und Moskau die Nachricht zu überprüfen, Generäle und Minister zusammenzurufen und eine rationale Entscheidung zu treffen? Und die handliche Miniatur-Atombombe in den Händen von Terroristen und kleinen Diktatoren? „Heute ist der Planet extrem verletzbar. Die Erde hat so viele Wunden, so viele Narben."

Im selben Jahr sprach er mit Vertretern der japanischen Regierung in Hiroshima. Dort im Museum entdeckte er ein entsetzliches Erinnerungsstück: einen Schatten auf einer Steintreppe. Eine Frau habe gerade eine Bank betreten wollen, als die Atombombe über Hiroshima explodierte. Ihr verbrannter Leib löste sich in nichts auf; nur sein schwacher Schatten prägte sich der Treppe ein. „Sollten wir eines Tages", bemerkte Wiesel schaudernd, „aus Unachtsamkeit einen Rechenfehler begehen, blüht uns allen dasselbe Schicksal. Und möglicherweise hinterlassen wir auf einem Planeten, auf dem alles Leben ausgelöscht sein wird, nicht einmal mehr einen Schatten."

Wo immer Menschen wegen ihrer Rasse oder Weltanschauung unterdrückt würden, hat er bei der Überreichung des Friedensnobelpreises gesagt, ob in Südafrika, Chile oder Palästina, dort sei in diesem Augenblick der Mittelpunkt des Universums. „Solange auch nur ein einziger Dissident im Gefängnis sitzt, wird unsere Freiheit keine wahre Freiheit sein. Solange nur ein einziges Kind hungrig ist, werden unsere Leben mit Angst und Schande erfüllt sein." Und Jude sein bedeute nicht die Verpflichtung, die Welt zum jüdischen Glauben zu bekehren, sondern die Menschheit vor sich selbst zu retten.

In der sogenannten Nobelvorlesung verwies er am darauffolgenden Tag in der Universität Oslo auf die „Schande der Apartheid", auf die Leiden der Äthiopier, der in Nicaragua aus ihren Siedlungen vertriebenen Miskito-Indianer, der in Argentinien von der Polizei verschleppten und seither spurlos verschwundenen Regime-Gegner, auch der Palästinenser, auf die terroristische Gewalt gegenüber den US-Geiseln im Iran und in den Straßen von Paris. „Wenn uns nach 1945 irgend jemand erzählt hätte, daß zu unserer Lebzeit in nahezu allen Kontinenten noch religiöse Kriege ausbrechen würden, daß Tausende von Kindern wieder an Hunger sterben würden, wir hätten es nicht geglaubt. Oder daß Rassismus und Fanatismus wieder aufblühen würden, wir hätten es nicht geglaubt."

1980, am 35. Todestag seines Vaters, war er mit der schwedischen Schauspielerin Liv Ullmann, der amerikanischen Sängerin Joan Baez, dem russischen Bürgerrechtler Alexander Ginsburg, israelischen Ärzten und einer Menge Journalisten an die thailändisch-kambodschanische Grenze gereist, um die internationale Öffentlichkeit auf die Massaker der Roten Khmer an ihren eigenen Landsleuten aufmerksam zu machen und etliche Lastwagenladungen Lebensmittel und Medikamente in die Flüchtlingslager zu bringen. Den Dschungel von Honduras durchquerte er im Kajak, um mit Miskito-Indianern zu sprechen, die das Regime Daniel Ortegas aus strategischen Gründen aus ihren Dörfern an der Grenze „umgesiedelt" hatte. Er machte Berichte publik, wonach in

Chile und El Salvador, im Irak und Iran Kinder inhaftiert und gefoltert wurden, um ihre politisch engagierten Eltern einzuschüchtern.

„Ein Kind, das stirbt", konstatiert er in einem seiner Romane, „wird zum Mittelpunkt der Welt: die Sterne und Gefilde sterben mit ihm".

Bezeichnend, was er als neuernannter Vorsitzender des *Holocaust Memorial Council* (der von US-Präsident Jimmy Carter ins Leben gerufene „Holocaust-Gedenkrat" richtete einen regelmäßigen Besinnungstag und ein Studienzentrum ein) als erstes tat: Er schrieb einen Brief an die ganze amerikanische Bevölkerung und machte auf das Schicksal der vietnamesischen *Boat People* aufmerksam, der Flüchtlinge, die auf dem Meer herumirrten und in allen möglichen Ländern unwillkommen waren – wie 1938 jene deutschen Juden, die nach einer Odyssee über den Nordatlantik in das Land des Holocaust zurückkehren mußten, weil sie niemand aufnahm, und dort in den Verbrennungsöfen von Theresienstadt starben.

Und gern zitiert er das Gebet des Rabbi Israel von Koschnitz: „Herr der Welt, wisse, daß die Kinder Israels zuviel leiden; sie verdienen die Erlösung, sie brauchen sie. Wenn du dies aber aus einem Grund, der mir unbekannt ist, nicht willst, *noch* nicht willst, dann erlöse doch die anderen Völker, die anderen Nationen, aber schnell!"

III
LICHT:

Ein Dichter erzählt zaghafte Hoffnungsgeschichten

„Warum ich schreibe?
Vielleicht, um nicht verrückt zu werden."

Als Elie Wiesel seine Stimme für die heimatlosen Vietnamesen erhob, hatte er selbst eine neue Heimat in den USA gefunden. Der Anlaß, sich hier einbürgern zu lassen, war – passend zu diesem abenteuerlichen, nie nach Plan verlaufenden Leben – ein Verkehrsunfall in New York gewesen. Wiesel war 1956 als Auslandskorrespondent von Paris an den Sitz der Vereinten Nationen gewechselt. Er begann sich in New York zu verlieben; von seinem Hochhausappartement aus konnte er, wenn er an seinen Büchern schrieb, das Erwachen der Stadt in der Morgendämmerung beobachten und ihr Versinken im Abenddunkel, das vom leuchtenden Fluß der Autoscheinwerfer belebt wurde. Sein Blick schweifte über den Hudson mit seinen wechselnden Stimmungen und über das Lichtermeer von Manhattan.

Eines Abends wollte er mit der Chefsekretärin seiner Zeitung, die aus Tel Aviv gekommen war, um in New York Ferien zu machen, ins Kino gehen. Vielleicht war er nicht aufmerksam genug beim Überqueren der 45. Straße; ein Taxi fuhr ihn an, sein Körper wurde hochgeschleudert und flog „wie eine Chagall-Figur" (Wiesel) durch die Luft. Lebensgefährlich verletzt, trat er erst einmal eine Irrfahrt mit dem Rettungswagen an, denn das erste Krankenhaus wollte ihn nicht aufnehmen: Seine Brieftasche sei so gut wie leer gewesen, also habe man ihn sicherheitshalber zu einem hoffnungslosen Fall erklärt; „Geschäft ist schließlich Geschäft".

Tatsächlich dauerte die lebensrettende Operation im *New York Hospital* zehn Stunden. Wiesels linke Seite war fast komplett zerschmettert. Wochenlang lag er bis zum Hals in Gips, empfing seine Kollegen und Freunde, litt Höllenqualen bei der erzwungenen Untätigkeit, während draußen die Welt brannte, Ägyptens Staatschef Nasser den Suezkanal verstaatlichte und damit eine internationale Krise heraufbeschwor – und diktierte, um nicht aus der Übung zu kommen, Kommentare und eine Reportage über den Unfall, aus erster Hand sozusagen. Schließlich humpelte er auf Krücken in den Glaspalast der Vereinten Nationen, kehrte glücklich an sein Pult im Pressesaal zurück, stand mit zusammengebissenen Zähnen die endlosen Sitzungen des Sicherheitsrates durch.

In diesem etwas hilflosen Zustand empfand Wiesel das übliche Ritual der Ausweisverlängerung als besonders demütigend. Sein in Frankreich ausgestellter Reisepaß für Staatenlose war gerade abgelaufen. Ein freundlicher Beamter der amerikanischen Einwanderungsbehörde schickte ihn zum französischen Konsulat, wo sich eine weniger freundliche Sekretärin außerstande erklärte, das Dokument abzustempeln, das könne nur in Frankreich geschehen. Zurück zur Einwanderungsbehörde, wo man ihm eine „Absichtserklärung" des Inhalts tippte, bei Vorlage eines gültigen Ausweises stehe der Erteilung einer Aufenthaltsbewilligung nichts im Wege. Zurück zum Konsulat, nein, den Stempel gebe es nur in Paris, das sei Vorschrift. Zum dritten Mal bei der Einwanderungsbehörde; jetzt verlor der nette Beamte seine Geduld, was denn dieser Pendelverkehr solle, er werde eben doch nach Frankreich reisen müssen.

Eine Überfahrt über den Atlantik auf Krücken, kurz nach so einer Operation? Wiesel fürchtete schon, abgeschoben und auf irgendeine schwarze Liste gesetzt zu werden.

Da beugte sich der Mann von der Behörde plötzlich lächelnd zu ihm vor und fragte: „Mein Gott, warum werden Sie denn nicht hier ansässig und lassen sich einbürgern?" Daran hatte er freilich noch nie gedacht. Wiesel zweifelnd: „Der Staatenlose sollte Bürger eines Staates werden?" Außerdem hatte er davon geträumt, in Israel zu leben; würde man seine amerikanische Staatsbürgerschaft nicht als Verrat betrachten, als schäbige Kapitulation, weil seine literarischen Erfolgschancen hier vermutlich größer waren? Aber konnte er seine Aufgabe, Zeuge zu sein, nicht anderswo ungleich besser erfüllen als in Israel?

Journalist im Schmierentheater der Politik

Wiesel blieb also in New York, berichtete weiter für die israelische Zeitung *Yediot Aharonot* von den Vereinten Nationen und auf jiddisch für die amerikanischen Leser der *Jewish Daily Forward*. Er schrieb über die Folgen des „Sinai-Kriegs" und – in atemloser Spannung, in Angst vor einem nuklearen Desaster – über die Kuba-Krise. Er lernte den scheuen Dramatiker Samuel Beckett kennen, der ihm erst einmal eine volle Stunde lang stumm gegenübersaß, in einem intensiven, interessierten Schweigen, und sich dann beim zweiten Treffen über die Rolle des Zeugen unterhalten wollte – und den wohl erfolgreichsten zeitgenössischen jüdischen Romancier Isaac Bashevis Singer, dem er gerecht zu werden suchte, obwohl er wußte, wie wenig beliebt Singer unter seinen Autorenkollegen war.

Man nahm ihm seine eitle Egomanie übel und ärgerte sich über das nicht immer schmeichelhafte Bild, das er vom osteuropäischen Judentum zeichnete. Wiesel katzbuckelte keineswegs vor dem berühmten Rivalen, er publizierte eine verschlüsselte Satire auf Singer und wurde fortan von ihm geschnitten – aber er sagte jedem, der es hören wollte, wie sehr er die Erzählkunst und skurrile Phantasie des verpönten Kollegen schätze.

Manès Sperber, den Freigeist, der mit den Kommunisten sympathisierte und mit Religion oder gar mit Mystik wenig anfangen konnte, bewunderte er für seinen scharfen Verstand und sein humanistisches Weltbild. Die beiden Männer waren grundverschieden, aber Wiesel bekannte, aus jeder Begegnung mit ihm sei er „hellsichtiger und wahrhaftiger" hervorgegangen, und Sperber sah in ihm eine Art jüngeren Bruder.

Wiesel unternahm zahllose Reisen, er – der sich für den irdischen Messianismus der Roten nie erwärmen konnte – lernte in Kuba „bezaubernde junge Revolutionäre" kennen, interviewte in Kanada einen etwas verwirrten Zahnarzt, der Anspruch auf den Thron Davids erhob, war in Paris bei einer Gipfelkonferenz zwischen de Gaulle, Eisenhower, MacMillan und Chruschtschow zugegen, verfolgte in Jerusalem den Prozeß gegen Adolf Eichmann, den höllisch genialen Strategen der „Endlösung", der damals in Sighet die Deportation der jüdischen Gemeinde überwacht hatte. Wiesel beobachtete haltlos weinende überlebende Zeugen, Maß und Würde wahrende Richter – und einen Angeklagten, der sich gelassen Notizen machte, den Massenmord wie eine leider notwendige hygienische Maßnahme rechtfertigte und angeblich über einen gesunden Schlaf und Appetit verfügte.

Wiesel zerbrach sich den Kopf über die banale Macht

des Bösen und die Gleichgültigkeit der Mitwelt. „Der Gedanke, daß Eichmann ein menschliches Wesen ist, empört mich", gab er ohne weiteres zu; „ich sähe ihn lieber mit dem Kopf eines Ungeheuers, mit drei Ohren und vier Augen wie bei Picasso. Ich betrachte ihn stundenlang. Er macht mir angst (...)."

Als er die spätere israelische Ministerpräsidentin Golda Meir kennenlernte, war sie Außenministerin und nur in jüdischen Kreisen bekannt, und er selbst litt noch an den Folgen seines schweren Unfalls – was die starrköpfige, aber mütterliche Frau für ihn einnahm: Sie hielt ihn anfangs wohl für einen Kriegsveteranen, blaffte ihn resolut an, er solle sich schonen, und versorgte ihn dafür persönlich mit interessanten Informationen aus den Verhandlungen über die von Israel nach dem zweiten Nahostkrieg besetzte Sinai-Region.

Mit der im Umgang schwierigen, rechthaberischen, diplomatischen Kompromissen abgeneigten Golda Meir verband Elie Wiesel über Jahre hinweg eine respektvolle Freundschaft. Als man sie zugunsten des von ihr herzlich gehaßten Menachem Begin ins politische Abseits stellte, hielt ihr Wiesel die Treue und besuchte sie regelmäßig. Über ihre Unbeweglichkeit war er oft unglücklich; sie habe einfach nicht wahrhaben wollen, daß es ein palästinensisches Volk gebe.

Freundschaften wie diese brachten den schüchternen Journalisten nicht selten in die Entscheidungszentren der Macht – und wohl auch in Versuchung, sich im Gefühl der eigenen Wichtigkeit zu sonnen. Doch Elie ist ein viel zu nachdenklicher Mensch, um in solchen Situationen nicht sehr schnell selbstkritische Fragen zu stellen: Ist es gut für einen Journalisten, der die Ausübung der Macht beobachten und kontrollieren soll, sich in ihrer Nähe aufzuhalten? Übernimmt der Schreiberling, der sich von der

Politik hofieren, benutzen, kaufen läßt, nicht eine erbärmliche Rolle in einem Schmierentheater?

Mit einem Bühnenspektakel hat er das ehrgeizige Treiben der Volksredner, Sozialreformer und Revolutionsideologen gern verglichen. Wiesel sarkastisch: „Es sind zu viele, die Theater spielen. Und der Journalist, der ihre Äußerungen wiedergibt – wenn er sie nicht auch noch aufbläst –, hat seine Rolle in dieser Komödie und vermehrt das Publikum. (...) Und für Theater habe ich nichts übrig – es sei denn, das Stück wird von richtigen Schauspielern gegeben."

Er war der scheue, zaudernde Beobachter geblieben, er hatte immer noch Angst vor großen Auftritten – und stellte sich in praktischen Dingen bisweilen schrecklich ungeschickt an. Gemeinsam mit zwei ziemlich erfolgreichen Kollegen träumte er von der Gründung eines üdischen Magazins vom Typ der *Time,* mehrsprachig, natürlich in Farbe und mit Autoren wie Leonard Bernstein oder Saul Bellow. Die drei lernten einen aus der Tschechoslowakei emigrierten Juden kennen, der Geld wie Heu hatte und sich gern als Mäzen eines so anspruchsvollen Unternehmens einen guten Namen in der Welt des Geistes verdient hätte, wie er sagte. Es gab mehrere Gespräche, hektische Konferenzen; mühevoll erarbeitete man ein inhaltliches Konzept, ein wunderschönes Layout und den vom Mäzen verlangten Haushaltsplan, der diesem viel zu bescheiden erschien: Ein Projekt, das nicht mindestens eine Million Dollar koste, interessiere ihn gar nicht.

Also setzte man die veranschlagten Mittel eben herauf, verbesserte die Pläne, verteuerte die Ausstattung. Als aber endlich das entscheidende Gespräch stattfinden sollte, in einem Londoner Hotel, war der Mäzen nicht auffindbar. Später eröffnete er den entgeisterten Träu-

mern fröhlich, das Ganze sei ein Scherz gewesen, ein An-
laß zur Zerstreuung, er leide unter quälender Langeweile
… Elie hätte den reichen Nichtsnutz am liebsten „in ein
Reservat im hintersten Winkel Afrikas verbannt"; aber
dann meinte er, die eigene Naivität habe wohl eine solche
Strafe verdient. Keiner der drei habe richtig Englisch ge-
konnt – aber das tollste Magazin der englischsprechenden
Welt habe man gründen wollen!

Ein „Seelenamputierter" lernt zu lieben

Wenn er in jenen Jahren sein nicht gerade beschauliches
Tagewerk als Journalist begann, hatte Wiesel meist schon
vier Stunden konzentrierter Arbeit hinter sich: Fast jeden
Tag saß er von sechs Uhr morgens bis zehn Uhr am
Schreibtisch, ließ Kammermusik oder Choräle vom Plat-
tenspieler laufen und schrieb Roman um Roman.

Zunächst waren es triste Schilderungen, geprägt von
Einsamkeit und Verzweiflung. Zaghaft und allmählich
wurden daraus im Laufe der Jahre Hoffnungsgeschichten,
in denen die Opfer ihr Leiden in Kraft verwandeln, sich
aus der Erfahrung tausendfachen Todes für das Leben engagieren. Wie Wiesel selbst, der aus seiner mißtrauischen
Ichverschlossenheit aufbrach, eine KZ-Überlebende hei-
ratete und seinem Sohn, Schlomo Elischa, den Namen
des in Buchenwald umgekommenen Vaters gab.

Marion war strahlend schön, blond mit leuchtenden
dunklen Augen, charmant, warmherzig, selbstbewußt
und vital, das richtige Pendant zu dem immer ein wenig
zu ernsten, in sich gekehrten Elie. Sie war in Wien aufge-
wachsen, hatte eine Tochter aus erster Ehe (Elie: „Jeniffer
ist das hübscheste und klügste kleine Mädchen in ganz
New York, was sage ich, auf der ganzen Welt"), war stu-

dierte Theaterwissenschaftlerin, beherrschte souverän mehrere Sprachen und bereitete gerade die Gründung eines Berufsverbandes für Übersetzer vor, als sie Wiesel kennenlernte.

Romane sind immer Fiktion. Doch die autobiographischen Bezüge in *Le Jour* sind zu stark, als daß wir in der zähen Auseinandersetzung zwischen dem nach einem Verkehrsunfall im Krankenhaus liegenden Ich-Erzähler, einem nüchternen Skeptiker, und seiner von Emotionen und Lebenskraft erfüllten Freundin Kathleen nicht ein Abbild der konfliktreichen Liebesgeschichte mit Marion sehen dürften. „Sie versteht nicht, daß der Feind nicht der Tod ist", staunt der Patient in hilfloser Abwehr. „Sie glaubt allzu stark an die Macht, an die Allmacht der Liebe. Liebe mich und du bist beschützt. Liebet euch untereinander und alles wird gut gehen (...), bei dem Gedanken daran konnte ich nur lachen."

Denn der im Gipsbett seinen finsteren Erinnerungen Ausgelieferte zählt sich zu den „Seelenamputierten", zu denen, die namenloses Grauen überlebt haben, um nie mehr so sein zu können wie die anderen. „Man muß sie aufmerksam anschauen, wenn sie an einem harmlosen Fabrikschornstein vorbeigehen, oder wenn sie ein Stück Brot an die Lippen führen. Etwas in ihnen erbebt und bewirkt, daß man die Augen abwendet. Diese Menschen sind amputiert worden, aber es fehlt ihnen nicht ein Bein oder ein Auge, sondern der Lebenswillen und die Lebenslust."

Kathleen – Marion? – führt einen erbitterten Kampf gegen diese Schatten der Vergangenheit, sie setzt die unleugbare Schönheit des Lebens, die Freude an der Schöpfung, die Treue unter Menschen und die Lust des Körpers gegen die bleierne Last der vielen Toten und Ausgelöschten. Alles umsonst. Die aus den Gaskammern und Krematorien in den Himmel aufgestiegenen Opfer haben das

Glück und die Zukunft mit sich genommen. „Alles ist dort hinauf geflüchtet", verkündet *Le Jour*. „Wie leer ist es hier unten! (…) Die anderen reden von Gerechtigkeit, sei sie allgemein gültig oder nicht, von Freiheit, von Brüderlichkeit, von Fortschritt. Sie wissen nicht, daß der Planet sich geleert hat und ein riesiger Zug alles in den Himmel entführt hat."

Doch, Marion wußte es. Sie war selbst im KZ gewesen, hatte Angehörige und Freunde in den Verbrennungsöfen verloren. Auch sie spürte die Versuchung, sich dem Weiterleben zu verweigern, sich für Liebe und Lust zu schämen, die den Opfern nicht gegönnt gewesen waren. Aber sie glaubte – stärker, als Elie es damals vermochte – an eine Zukunft. Kühn bestritt sie der schwarzen Vergangenheit das Recht, alle Lichter in der Gegenwart auszulöschen.

„Das Leiden ist den Lebenden aufgegeben und nicht den Toten", heißt es hintergründig auf den letzten Seiten von *Le Jour*. „Der Mensch ist es sich schuldig, weiterzugehen, zu suchen, abzuwägen, die Hand auszustrecken, sich zu verschenken, sich zu ersinnen."

1969 heirateten die beiden in der alten Ramban-Synagoge von Jerusalem. Elie hatte sich ausbedungen, daß auf dieser Hochzeit nicht gesungen werden durfte; zuviel ausgelassene Freude könnte die Toten kränken, die unsichtbar zugegen waren.

Ein Nobelpreisträger könnte im Flugzeug wohnen

Als der 40jährige den Bund mit Marion schloß, gehörte er schon zur literarischen Prominenz, hatte bereits die ersten Ehrendoktorhüte amerikanischer Universitäten er-

halten, bald waren es Dutzende. Zahlreiche Literaturpreise kamen hinzu, in Frankreich und den USA. 1972
wurde Wiesel *Professor of Jewish Studies* am City College in New York – eine illustre Hochschule, die Insider
mit Harvard und Yale vergleichen –, 1976 *Professor of
Humanities* an der Boston University. Als gefeierter
Gastdozent und Redner entfaltete er eine rege Reisetätig-
keit. Heute eine Konferenz gegen den Hunger in der Welt,
morgen ein Symposion über die Ursachen des fanatischen
Fundamentalismus. Anmerkungen zur Ethik im Stabs-
quartier des US-Geheimdienstes *CIA*, ein paar provo-
kante Gedanken bei der Eröffnung einer Auschwitz-
Ausstellung im Palast der Vereinten Nationen, eine
Vorlesung über Ijob vor mehreren tausend katholischen
Priestern, Nonnen und Theologieprofessoren ...

Und schließlich 1986 der Friedensnobelpreis. Die Entscheidung des Preiskomitees war einstimmig gefallen,
gestützt unter anderem auf den Vorschlag einer Gruppe
deutscher Bundestagsabgeordneter, international einhel-
lig akzeptiert – bis auf wenige Stimmen aus arabischen
Staaten und von israelischen Extremisten. Die Begrün-
dung aus Oslo: Wiesel gehöre zu den geistigen Führern
und Wegbereitern in einem von Gewalt, Unterdrückung
und Rassismus geprägten Zeitalter. Aus der eigenen Erfahrung „totaler Demütigung und äußerster Mißachtung
der Menschlichkeit" heraus sei er zum Botschafter von
Menschenwürde und Versöhnung geworden. In ihm ehre
man „den Juden, der sein Leben dem Kampf dafür ge-
weiht hat, daß es nicht noch einmal geschehen kann".

Morgens um halb fünf klingelte bei den Wiesels das Te-
lefon; der Vorsitzende des Nobelpreiskomitees war am Ap-
parat. Es war noch nicht sechs Uhr, da hatten Aufnahme-
leiter, Toningenieure, Beleuchter, Kameraleute von einem
Dutzend Fernsehteams und eine Heerschar von Zeitungs-

reportern die Wohnung in ein Labyrinth aus Kabeln, Scheinwerfern und Kameras verwandelt. Nur Elies 14jähriger Sohn Elischa behielt in dem Durcheinander die Ruhe. Er freute sich, nicht zur Schule zu müssen, und bemerkte trocken: „Jetzt ist vielleicht der richtige Augenblick, um eine Erhöhung meines Taschengeldes zu bitten."

Ach ja, das Geld. Der Preis ist mit umgerechnet 0,8 Millionen Mark dotiert. Beckmesserhafte Kritiker merkten sofort an, Mutter Teresa von Kalkutta habe auf das Festdinner verzichtet und gebeten, den eingesparten Betrag auf das Konto ihrer Hilfswerke zu überweisen; für Wiesel und seine strenggläubigen Freunde dagegen habe man die Speisen unter Aufsicht eines Oberrabbiners nach den rituellen Regeln zubereiten und den Wein extra aus Israel importieren müssen ... Wiesels Einwand, Mutter Teresas „guten Einfall" zu wiederholen, hätte die Norweger brüskiert, überhörte man, und herzlich wenig interessierte man sich für die mit dem Preisgeld finanzierte Stiftung, die interdisziplinäre Kolloquien der Nobelpreisträger veranstaltet, internationale Tagungen über die tieferen Gründe von politischem Haß und religiösem Fanatismus, Seminare im Nahen Osten, in Europa und Amerika über Strategien zur Toleranz.

Was das schon bringe, wehrten die notorischen Zweifler ab, wenn sich die immer gleichen Wichtigtuer zu ihrem hundertsten Kongreß versammelten und die immer gleichen Fragen diskutierten? Ach, er sei mit den kleinen alltäglichen Wundern zufrieden, pflegte Wiesel zu antworten: Ein Händedruck zwischen Erzfeinden. Ein aufrichtiges Wort, wo bisher schlau gelogen wurde. Ein Gedanke, der einen neuen Weg zeigt. Vielleicht begann der Versöhnungsprozeß im blutgetränkten Südafrika auf einem solchen Kolloquium: mit dem Dialog zwischen Nelson Mandela und Leon Wessel als Vertreter der damaligen weißen Minderheitsregierung in Oslo 1990. Fünf Jahre später sprachen in Venedig junge Israelis, Ägypter, Jordanier und Palästinenser miteinander, Katholiken und Protestanten aus Irland, ehemalige Terroristen mit ihren Gegnern, Kroaten, Serben und Bosnier aus dem einstigen Jugoslawien ...

Ein Nobelpreisträger könnte die nächsten zehn Jahre seines Lebens problemlos im Flugzeug verbringen, hat Wiesel seufzend festgestellt. Es sei schick, einen solchen Stargast am Tisch oder auf der Rednerliste zu haben. „Man hat Sie für Ihre Taten oder für Ihr Werk gekrönt, doch Sie haben keine Zeit mehr, es fortzusetzen."

Deshalb führt er seither einen Kampf gegen Windmühlenflügel, um seine täglichen vier Stunden für die Romane zu retten und die vielen Vorlesungen, Vorträge und Grußworte (er kann so schlecht Nein sagen) einigermaßen gut vorzubereiten. „Was würde aus mir werden, wenn ich aufhörte zu schreiben?" fragt er sich erschrocken. Er habe noch so viel zu erzählen. Und das Entsetzliche, was geschehen ist, vor einem halben Jahrhundert in Europa, und was wieder geschehen kann, überall auf der Welt, das vermag er überhaupt nur schreibend zu bewältigen. „Warum ich schreibe? Vielleicht, um nicht verrückt zu werden."

Elie Wiesel: ein Besessener, dessen Werk monomanisch um die Krematorien kreist und der immer noch rätselt, warum er überlebt hat und Millionen seiner Glaubensgeschwister sterben mußten. Ein liebevoller Hüter des jüdischen Kulturerbes, der bezaubernd von der Lebensweisheit der Chassidim und den kühnen Denkgebäuden der Talmudgelehrten zu erzählen weiß. Ein leidenschaftlicher Theologe, der die Patriarchen und Propheten der Bibel als Urgestalten menschlichen Fragens und Ringens mit einem dunklen Gott interpretiert.

Ein hartnäckiger Idealist, der sich die Hoffnung nicht ausreden läßt und eigensinnig bekennt: ‚Ich glaube immer noch an Worte. Ich glaube immer noch an Sprache. Ich setze immer noch mein Vertrauen in Ideen, und trotz allem glaube ich immer noch an den Menschen. Trotz des Menschen und ihm zum Trotz glaube ich an ihn.“

Ein Realist aber auch, der die These der kleinen Anne Frank nicht teilen kann, alle Menschen seien im Grunde gut. Nein, jeder Mensch sei zum Guten fähig wie zum Bösen. „Die Heydrichs und die Eichmanns waren Menschen. Sie haben sich selbst entmenschlicht, sie haben ihre Menschlichkeit verloren.“ Ein Realist, der um die Grenzen allen Einsatzes weiß und lakonisch feststellt: „Anfangs glaubte ich, ich könnte die Menschheit ändern. Heute weiß ich, daß ich dazu nicht in der Lage bin. Durch meine Worte, durch meinen Protest will ich die Menschheit daran hindern, daß sie am Ende *mich* verändert.“

Warum gibt er keine Ruhe? Warum mischt er sich immer wieder ein? Wie in der Sowjetunion, die er vor der Weltöffentlichkeit der Judenverfolgung beschuldigte? 1965 fuhr er zum ersten Mal in das noch eisern zusammengehaltene Zentrum des kommunistischen Weltreiches, suchte das Gespräch mit den Menschen, ging in die heruntergekommenen Synagogen, ließ sich die Veröffentlichungen in der Untergrundpresse zeigen und von den heimlichen Zusammenkünften auf den Friedhöfen berichten, wo es Hebräischunterricht gab und jiddische Lieder gesungen wurden.

Bestürzt stellte er fest, daß die Gerüchte stimmten: Überall Repression, Einschüchterung, Angst vor Spitzeln. Studenten, Lebensmittelhändler steckten ihm verstohlen Zettel zu, raunten ihm im Vorbeigehen ins Ohr: „Sagen Sie es allen draußen in der Welt, sie sollen uns nicht vergessen!“

In einer Kiewer Synagoge hörte er inmitten der gemurmelten Gebete dauernd irgendwelche hebräischen Brocken, die nicht zur Liturgie gehörten. Vorsichtig blickte er sich um: Hinter ihm saß ein alter Mann, scheinbar ganz ins Gebet versunken – und dem offensichtlich vom Himmel geschickten Ausländer wertvolle Informationen zuflüsternd. Es sei furchtbar schwer, hier als Jude zu leben. Der Antisemitismus sei überall zu spüren, auf den Unterricht in der Torah stünden harte Strafen.

Doch auch das erlebte Elie Wiesel bei diesem Besuch in einer Alptraumwelt: An *Simchat Torah*, dem Fest der Freude an der Weisung Gottes, das er so liebte, versammelten sich 30 000 junge Juden vor der großen Moskauer Synagoge in der Archipowa-Straße, um hebräische Lieder zu singen und ausgelassen zu tanzen, als die heiligen Torah-Rollen in Prozession um die Synagoge getragen wurden! Wie in Trance, den Tränen nahe, sog Wiesel diese Explosion von Freiheitsliebe und trotzigem Glauben in sich auf, sah, wie jubelnde Studenten ihre Freunde in die Luft warfen und in einem Meer ausgestreckter Hände wieder auffingen, hörte stolze junge Frauen in Sprechchören singen „Juden sind wir, Juden wollen wir sein!", ließ sich umarmen und fiel wildfremden Menschen um den Hals.

Daheim in New York publizierte der Chronist Wiesel seine verwirrenden Eindrücke unter dem Titel *Die Juden in der UdSSR*, zitierte einen Studenten, der in jener Nacht der unbändigen Freude zu ihm gesagt hatte: „Die werden uns nicht das Rückgrat brechen, wir werden ihnen die Stirn bieten!" und zog daraus den Schluß: „Ironisch, aber wahr: Die Antisemiten führen dem jüdischen Volk seine Jugend zu." Von Solschenizyn und Sacharow sprach damals noch keiner im Westen, die Dissidentenbewegung war noch schwach. Später verließ der israeli-

(1965)

94

sche Premier Levi Eschkol in Paris eine wichtige Konferenz mit sämtlichen europäischen Botschaftern, um sich von Wiesel bestätigen zu lassen, was da in Rußland vor sich ging. Eschkol: „Unglaublich ist das alles, nach fünfzig Jahren kommunistischer Erziehung und Unterdrückung, unglaublich!"

Und Wiesel hetzte von Termin zu Termin, hielt Vorträge, gab Interviews, sagte allen, „wie überrascht ich war, so viele Juden zu finden, die himmlischen und irdischen Gewalten trotzen, nur um Juden sein zu können. ‚Stellen Sie sich vor‘, sage ich, ‚in Moskau wird der Talmud studiert! Ich war schließlich dabei …‘"

Als er ein Jahr darauf erneut die Sowjetunion besuchte, wiederholte sich das Schauspiel vor der Moskauer Synagoge, gar nicht so weit entfernt vom *Lubjanka*-Gefängnis mit seinen berüchtigten Folterkellern – mit dem Unterschied, daß irgendeine boshafte Behörde plötzlich die Elektrizität im ganzen Straßenblock lahmlegte. Alle Häuser und Wege lagen im Dunkeln, das Fest war zu Ende. Aber nein, die erfinderischen jungen Leute rollten Zeitungen zusammen und zündeten sie wie Fackeln an, Hunderte, Tausende. Wiesel: „Ich weiß nicht mehr, wie lange es dauerte. Ich erinnere mich nur an die Szene, die einem Traum glich: Studenten, die einen Balkon erklommen, Fackeln in den Händen, und die auf Hebräisch *Am Israel Hai*, ‚Das jüdische Volk lebt‘, sangen. Wie ein Donnerhall kam das Echo aus der Menge zurück (…)."

Wiesel freilich spielte bei diesem Moskau-Besuch mit seinem Leben – zumindest mit seiner Freiheit. Geheimdienstagenten vom *KGB* folgten ihm – unübersehbar unauffällig – auf Schritt und Tritt, sein Hotelzimmer wurde durchsucht. Israelische Botschaftsangehörige übernahmen seinen Schutz, redeten ihm ins Gewissen: Ob er verrückt sei, so ein Buch gegen die sowjetische Politik zu schreiben und dann noch einmal hier aufzukreuzen? Dem hoffnungslos naiven Autor fuhr der Schreck in die Glieder. Brav telefonierte er auf Anweisung der Botschaft mit ausländischen Freunden, um den Abhörspezialisten vom *KGB* zu zeigen, daß seine Verhaftung nicht unbemerkt bleiben würde, dann ließ er sich Hals über Kopf von seinen israelischen Schutzengeln zum Flughafen bringen.

Alle Kontrollen sind glücklich überstanden, Elie steht schon unten an der Gangway, eine Hosteß von *Intourist* nimmt ihm die Bordkarte ab, während ein Offizier ein letztes Mal seinen Paß überprüft. „Das Mädchen gibt mir ein Zeichen einzusteigen, aber der Offizier schreit irgend jemandem etwas zu. Von da an überstürzen sich die Ereignisse. In Sekundenschnelle sind die beiden Israelis an meiner Seite. Einer von ihnen reißt mein Flugticket an sich, der andere dem Offizier meinen Paß aus den Händen. Sie packen mich unter den Armen wie einen Kranken, ich baumle wie Stückgut zwischen ihnen. Dann rennen sie los, und ich renne mit. Trillerpfeifen, Gebrüll von Befehlen, Tumult. Ich weiß nicht mehr, wie wir es geschafft haben, durch alle Türen, alle Absperrungen zu kommen, dann springen wir in den Wagen der Botschaft und sind schon in halsbrecherischem Tempo unterwegs."

In kalten Schweiß gebadet, erreicht Wiesel die schützende Botschaft. Hektische Telefonate, dann weiß man, daß die Russen ein Exempel an Wiesel statuieren wollen. Drei Tage und drei Nächte sitzt er wie ein Gefangener herum, fürchtet schon, Jahre hier verbringen zu müssen, wie es Kardinal Mindszenty in der US-Botschaft in Budapest geschehen ist. Endlich zeigen die Interventionen europäischer und amerikanischer Diplomaten Wirkung: Der staatsgefährdende Chronist erhält freie Ausreise zugesichert.

Was das denn schon sei, Bücher zu schreiben und aufklärerische Reden zu halten, rümpfen politische Aktivisten gern die Nase; die Welt lasse sich nur mit Gewehren und Bomben verändern. Als ob sich nicht auch schon mancher am Schreibtisch oder Hochschulkatheder das eigene Todesurteil verdient hätte.

Wiesel jedenfalls behielt die russischen Juden im Herzen. Als er den Nobelpreis bekommen hatte, konnte ihn keiner stoppen, nicht einmal der sowjetische Geheimdienst. Er flog nach Moskau, um eine internationale Konferenz des *Holocaust Memorial Council* vorzubereiten, brachte zum Entsetzen der Gastgeber alle paar Stunden das Schicksal des verbannten Systemabweichlers Andrej Sacharow auf die Tagesordnung, traf die Frauen inhaftierter Bürgerrechtler (die im Laufe des Jahres auf Initiative von Gorbatschow freikommen sollten), erhielt sogar einen Gesprächstermin bei Gorbatschow, der Symbolfigur der *Perestrojka* – leider zu spät.

Als vier Jahre später die alte Garde in Moskau putschte und Gorbatschow stürzte, übernahm Wiesel gemeinsam mit dem französischen Kulturminister den Vorsitz eines *Internationalen Komitees zur Rettung der Demokratie in der Sowjetunion,* reiste in aller Eile nach Moskau und stellte dort, in Gesprächen mit Boris Jelzin und aufgeschlossenen Parlamentariern, glücklich fest, daß die Russen ihre neue Freiheit bereits selbst gerettet hatten.

„Deutschland ist noch nicht bereit"

Warum mischt er sich andauernd ein? Ausgerechnet in die deutsche Politik, die Juden auch ein halbes Jahrhundert nach dem Ende der braunen Diktatur noch nicht unbefangen begegnen kann? 1962 sah er das Land der Menschenvernichter wieder, beeindruckt von der florierenden Wirtschaft und von der anspruchsvollen Kultur, bedrückt angesichts der allgegenwärtigen Verdrängungsmechanismen. Über die blamable Vergangenheit wollte niemand sprechen. In München las er einige Abschnitte aus seinen Werken; danach schlenderte ein junger deutscher Schriftsteller zu ihm auf das Podium und bemerkte freundlich: „Ich muß Ihnen gestehen, daß mich diese Konzentrationslagerlektüre kalt läßt, ich verstehe sie einfach nicht."

Wiesel reiste fluchtartig wieder ab; vielleicht erschrak er auch darüber, daß er keinen Haß empfinden konnte. Haß sei keine Lösung, hatte er immer wieder konstatiert, aber für die Opfer könne er eine heilende, schöpferische Wirkung haben.

Der vornehme Jude, der die leisen Töne liebt, wird in Deutschland gern als Kronzeuge gegen eine Kollektivschuld zitiert. Die lehnt er natürlich ab: „Ich glaube, daß die Kinder von Mördern keine Mörder sind, sondern Kinder." Er geht noch weiter und bedauert die jungen Deutschen, „weil sie diesen Makel tragen müssen, weil sie zu Unrecht gebrandmarkt werden. Wenn sie froh und zufrieden sind, dann heißt es, sie seien gefühllos, sind sie es nicht, nennt man sie anständig. Anders ausgedrückt, sie müssen, wenn sie als anständige Deutsche gelten wollen, sich schuldig fühlen. Ist das nicht zuviel von ihnen verlangt?"

Nein, es gebe keine Kollektivschuld, wohl aber eine Verantwortung, die über die Generation der Täter hinausreiche. Die jungen Deutschen sollten keine Schuldgefühle für Hitlers und Himmlers Exzesse mit sich herumtragen, stellt er in Interviews klar, „sondern sich verantwortlich fühlen für das, was heute in Deutschland geschieht, was aus der Erinnerung an die Vergangenheit heute gemacht wird".

Und da sieht er, der so leidenschaftlich auf die junge Generation hofft, leider schwarz. Der Bundestag hätte das jüdische Volk schon irgendwann einmal um Verzeihung bitten können – wie der US-Senat die 1941 nach Pearl Harbour inhaftierten Amerikaner japanischer Herkunft. Zu sagen „es tut uns leid", das wäre doch einfach und nobel.

Stattdessen beobachtet Elie Wiesel gefährliche Tendenzen in Deutschland (und in Österreich, das sich zu lange im Gefühl „scheinheiliger Unbescholtenheit" gewiegt habe): die ohne weiteres geduldeten regelmäßigen Treffen der SS-Veteranen. Relativ gute Wahlergebnisse rechtsextremer Parteien. Rechte Parolen, die wieder zunehmend Beifall finden. Das Mißtrauen gegenüber Fremden, die man nicht als Bereicherung empfinde, sondern als Bedrohung. Den Versuch, Auschwitz gegen die stalinistischen Arbeitslager aufzurechnen. Die Sucht nach „Normalisierung", für die der „Historikerstreit" steht und die sich laut Wiesel im „Kohl-Ambiente", in der „Kohl-Atmosphäre" bestens entfalten konnte.

Das Verhältnis zur Vergangenheit zu „normalisieren", bedeute eben auch, „die Erinnerung zu verstümmeln, sie zu verwunden. Mit anderen Worten: In einigen Jahren, vielleicht erst in 30 bis 50, erschiene alles, was zu meinen Lebzeiten geschehen ist, in den deutschen Geschichtsbüchern als normal. In einigen würde es heißen, es war Stalins Fehler; in anderen könnte stehen, es war die Schuld eines Dritten."

Wie konnte der auf seine „Gnade der späten Geburt" verweisende Kanzler auch so unsensibel sein und den amerikanischen Präsidenten Ronald Reagan 1985 auf den deutschen Soldatenfriedhof Bitburg „locken" (Wiesel), auf dem keineswegs nur tapfere Wehrmachtsoffiziere begraben liegen, sondern auch zahlreiche Angehörige der

SS, deren mobile Tötungskommandos auf die Judenvernichtung spezialisiert waren? Reagan verlor erstmals die Zustimmung der Bevölkerung, amerikanische Kriegsveteranen gaben ihre Orden zurück, der internationale Skandal war perfekt, aber Helmut Kohl hielt eigensinnig an seinem Plan fest – aus durchsichtigen innenpolitischen Motiven, wie Wiesel meint.

„Auch eine eingeschränkte Rehabilitation der SS stärke seine Popularität in den nationalistischen Kreisen der deutschen Rechten", so habe Kohls Kalkül gelautet, urteilt Wiesel in ungewohnter Härte im 1996 erschienenen zweiten Band seiner Memoiren. „Das also ist das wahre Ziel Kohls: Er will die SS reinwaschen. Das wird der letzte Schritt eines sorgfältig durchgeführten Plans sein. Zuerst mußte Deutschland die sanfte, die reine, die unschuldige Wehrmacht rehabilitieren. Und jetzt ist, dank Kohl, die SS an der Reihe. Zuerst die ‚Guten'. Später dann, langsam und ganz vorsichtig, alle anderen. Ist die Tür zum Vergessen erst einmal aufgestoßen, werden auch die Folterknechte und die Mörder darin verschwinden. In Bitburg geht die Tür auf. Von einem rein pragmatischen und zynischen Standpunkt aus kann man Kohl gut verstehen."

Das ist das furchterregende Gesicht der harmlos klingenden „Normalisierung". Natürlich werden solche Warnungen in Deutschland nicht gern gehört, auch nicht bei Leuten, die sich liberal und tolerant geben. Als Elie Wiesel 1989 nach dem Fall der Berliner Mauer seinen „inneren Widerstand" gegen eine deutsche Wiedervereinigung bekannte („Deutschland ist noch nicht bereit") und um Verständnis für jüdische Ängste bat, polterte SPIEGEL-Herausgeber Rudolf Augstein in einem wütenden Rundumschlag los, aggressive und gefährliche Menschen gebe es nicht nur in Deutschland: „Warum dürfen wir den Holocaust nicht als *das* Jahrhundertverbrechen ansehen und gleichwohl die Knochenbrecher in Israel nicht eben schätzen?" Warum mittlerweile in Jerusalem geschossen werde und in Berlin nicht?

Dabei hatte Wiesel im SPIEGEL-Gespräch lediglich die Sorge formuliert, die zu Recht über die wiedergewonnene Freiheit im Osten glücklichen Deutschen könnten nun versucht sein, „die Erinnerung hinter sich zu lassen" und in einem nationalistischen Gefühlsausbruch zu vergessen, was geschehen sei. Ein Indiz dafür: Am 9. November öffnete sich nicht nur die Mauer in Berlin, am 9. November jährt sich auch die „Reichskristallnacht", als überall in Deutschland Synagogen brannten, jüdische Geschäfte und Wohnungen verwüstet, jüdische Familien verhaftet und deportiert wurden. Kein Mensch habe am 9. November 1989 daran gedacht, in der Freude über den Fall der Mauer für einen Moment auch an das Leid vom 9. November 1938 zu erinnern. Wiesel: „Was wird sonst noch alles vergessen werden?"

Blind für die Leiden der Palästinenser?

Augsteins rüde formulierte Empfehlung, Wiesel möge sich doch mit den Problemen Palästinas befassen und aus der deutschen Politik heraushalten, klang gar nicht so anders als die Empörung seiner israelischen Gegner: Wer war dieser französisch schreibende Wahlamerikaner, daß er es sich herausnehmen konnte, dem jüdischen Frontstaat Ratschläge zu erteilen?

Diasporajuden werden in Israel schnell kritisiert: Warum leben sie irgendwo im Ausland, statt in Jerusalem oder im Westjordanland in der Konfrontation mit den gut gerüsteten arabischen Nachbarstaaten den Kopf hinzuhalten? Wie haben sie die Vernichtungslager überlebt? Etwa durch Kollaboration mit den Henkern? Bösartige – meist sehr indirekt gestellte – Fragen, bittere Erfahrungen, von denen Wiesel nach seinen Israel-Besuchen berichtet. Auch westliche Kritiker wollen wissen, warum er nicht im Judenstaat lebt: etwa weil er dort weniger gefragt wäre und schlechter verdienen würde?

Ernster zu nehmen, ist der von europäischen und israelischen Linken zu hörende Tadel, in seiner kämpferischen Liebe zu Israel sei Wiesel blind für die Leiden der Palästinenser. Nirgendwo traf Elie Wiesel die Kritik härter: Hat er die Zurückeroberung der Altstadt von Jerusalem durch die israelischen Truppen nicht begeistert begrüßt? Tat er die internationale Kritik am Verhalten Israels gegenüber dem Libanon in den achtziger Jahren nicht damit ab, die Juden seien vielen Leuten eben nur als gejagte Opfer sympathisch und nicht als Siegernation („Das Schaf hat es gewagt, sich der Schlachtung zu verweigern")? Hat er nicht blauäugig prophezeit, Benjamin Netanjahu werde das Friedenswerk des ermordeten Jitzhak Rabin zuverlässig fortsetzen?

Tatsächlich tut sich der sonst so überzeugende Botschafter der Menschenwürde immer dann schwer, wenn er von Interviewpartnern oder Studenten nach seiner Haltung zum Palästinenserproblem gefragt wird. Wiesel beeilt sich dann zu versichern, als Diasporajude werde er sich niemals in die inneren Angelegenheiten Israels einmischen (ein Grundsatz, den er in jedem anderen Land der Welt mit Leidenschaft mißachtet), er habe kein Recht, Tel Aviv politische Ratschläge zu erteilen (was auch keiner verlangt, gefragt ist seine moralische Kompetenz), und man möge verstehen, wenn ein Volk, das jahrhundertelang fast überall in der Welt verfolgt und jüngst fast ausgerottet worden sei, die endlich errungene Heimstatt mit Zähnen und Klauen verteidige (was hoffentlich jeder einsehen wird; massive Kritik an der israelischen Führung wird aber auch im Land selbst erhoben).

Um Wiesel gerecht zu werden, muß man seine Äußerungen allerdings in ihrer Gesamtheit sehen. Anders als viele israelische Hardliner hat er den Palästinensern nie ihr Recht auf Land und Lebenschancen bestritten, hat er immer für friedliche Koexistenz plädiert: „Denn sie haben Kinder und Enkel, und die sollen schließlich leben, nicht wahr? (…) Es gibt Sonne genug, um alle Herzen zu wärmen." In seiner „Nobelpreisvorlesung" 1986 ermunterte er mit ungewohnter Direktheit dazu, „Druck" auf alle Machthaber auszuüben, um zu einer dauerhaften „konstruktiven Beziehung" zwischen Israel und sämtlichen arabischen Nachbarn zu kommen, wie dies mit Ägypten bereits gelungen sei.

Auffallend häufig macht er darauf aufmerksam, daß die hebräische Bibel den Krieg zwar als etwas ganz Normales ansieht, aber keineswegs verherrlicht, die Juden niemals einen „heiligen Krieg" gekannt haben und militärische Helden im Talmud ziemlich schlecht wegkommen. Gewiß seien die Juden als ein Volk von Eroberern in die Menschheitsgeschichte eingetreten, aber im Gegensatz zu anderen Kulturen hätten sie sich von der Zerstörung zum Humanismus weiterentwickelt. Die Inbesitznahme Palästinas durch Josua werde in der Bibel nüchtern als Krieg dargestellt, nicht als Akt religiösen Gehorsams. „Damit Israel zu einem Volk wurde, mußte es das tun, was andere Völker seit Urzeiten getan hatten. Vielleicht wollte Gott Israel diesen Krieg führen lassen, damit es ein für allemal den Geschmack am Krieg verlor."

Und dann diese göttliche Standpauke gegenüber den gewaltbegeisterten Engeln! Als die aus Ägypten fliehenden Israeliten sicher das Rote Meer durchschritten hatten und die Ägypter mit Mann und Roß und Wagen von den zurückflutenden Wassermassen verschlungen worden waren, machten sich die himmlischen Heerscharen bereit, Triumphlieder zu singen. Doch Gott – der die Ägypter immerhin höchstpersönlich ertränkt hatte – herrschte sie an: *„Maase jadai towim bayam,* meine Geschöpfe ertrinken im Meer, und ihr habt nur Poesie im Kopf?"

Blutvergießen mag bisweilen unvermeidlich sein, das will diese Geschichte sagen, aber es ist nicht erlaubt, sich darüber zu freuen. Jitzhak Rabin sinnierte einmal in Washington in Gegenwart des US-Präsidenten Clinton und des Palästinenserführers Arafat über die ernsten Gesichter siegreicher israelischer Soldaten und bemerkte, der Preis, den der Feind habe zahlen müssen, belaste auch sie. Die Vergangenheit des jüdischen Volkes lasse keinen Erobererstolz zu. Hat Rabin aus Patriotismus übertrieben?

Oder ging es ihm wie Wiesel, der in Hebron und Nablus zum ersten Mal in seinem Leben erschrocken feststellen mußte, daß Kinder Angst vor ihm hatten? Arabische Kinder. „Die besiegten Kinder sind überall die gleichen", gibt er in seinem Roman *Der Bettler von Jerusalem* zu bedenken. „In einer eingestürzten Welt können sie nur Trümmer verkaufen."

„Rein menschlich gesehen", mache ihn die Tragödie der Palästinenser betroffen, pflegt er zu sagen, die Vertreibungen aus den Dörfern, das Schicksal der um ihre Kindheit betrogenen kleinen Flüchtlinge – um dann die Verantwortung für die Lösung des Problems vielleicht allzu rasch der nichtjüdischen Seite zuzuschieben: Schon 1977 veröffentlichte er in der Zeitung *Libération* einen „Brief an einen jungen arabischen Palästinenser", in dem er anerkennt, wie erniedrigend es sein müsse, sich nicht frei bewegen zu können, sich als bloßes Instrument der

Tagespolitik zu fühlen, lediglich Mitleid und Barmherzigkeit zu wecken, Sicherheit und Gerechtigkeit aber vergeblich zu suchen. Doch bei allem Verständnis könne er ihn, den jungen Ausgestoßenen, nur bitten, „ein anderes Mittel als das der Gewalt" zu wählen, mit den jungen Israelis einen aufrichtigen Dialog zu suchen und auf seine politischen Führer Druck auszuüben, „um sie zu zwingen, den Kreislauf von Haß und Gewalt zu durchbrechen und das Existenzrecht Israels anzuerkennen".

„Heute liebe ich Israel mit Angst"

Erst in letzter Zeit scheint sich Wiesel ernsthaft mit dem Gedanken anzufreunden, daß es auch die Pflicht der Israelis sein könnte, den Kreislauf der Gewalt zu durchbrechen, und daß es scheußliche Exzesse nicht nur auf der anderen Seite gibt. Entsetzt erfuhr er 1995 aus israelischen Zeitungen von Greueln, die das jüdische Militär im Sechstagekrieg 1967 begangen hatte. Er bereiste den Gazastreifen, sprach mit jungen israelischen Soldaten und mit Palästinensern aus dem Umfeld der *PLO*. Später berichtete er in der *New York Times* über seine Eindrücke.

Im zweiten Band seiner Autobiographie gesteht Wiesel jetzt, daß er nicht alles erzählt hat: „Denn ich hatte auch erfahren, daß israelische Soldaten innerhalb eines bestimmten Zeitraums in einer Region beklagenswerte ,psychologische' Methoden angewandt hatten: Sobald sie einen jungen arabischen Steinewerfer schnappten, brachten sie ihn nach Hause und ... schlugen seinen Vater. Durch diese Demütigung, so hofften sie, werde er schon lernen, seinem Sohn Achtung, Beherrschung und Zurückhaltung beizubringen. Sicher, diese unerhörte, unwürdige Methode ist nur von wenigen Soldaten und nur kurze Zeit angewandt worden. Aber ich hätte darüber berichten sollen. Ich habe es nicht getan, weil ich mich dafür schämte."

> „Kann ich ein Volk hassen
> dessen Fleisch zu Asche und Seife wurde
> durch die Hand des Henkers?"

So beschrieb ein in Israel lebender arabischer Dichter, Rachid Hussein, seine „schwierige Liebe" zu den Juden. Eines Tages bat er Elie Wiesel um ein Treffen und beschrieb dem Widerstrebenden die Lage seiner Landsleute im Westjordanland, die Zensurmaßnahmen, die willkürlichen Verhaftungen, detailliert, mit langen Namenslisten von Arabern, die vorbeugend in Haft genommen wurden und schon lange ohne Prozeß im Gefängnis saßen. Wiesel sollte eine Petition zugunsten der armen Wichte unterschreiben. Nein, das werde er nicht tun; „ich unterschreibe nichts, was gegen Israel gerichtet ist".

Aber er rannte von Pontius zu Pilatus, diskutierte mit Golda Meir, die besänftigend lächelte und sagte, von solchen verwickelten Dingen verstehe er nichts, machte dem Oberkommandierenden der Truppen die Hölle heiß, der natürlich jede Willkürmaßnahme bestritt, erfuhr vom Vorsitzenden des Obersten Gerichts entgeistert, ja, das könne schon vorkommen, daß ein Verdächtiger in Haft sitze und keine Beweise vor einem ordentlichen Gericht ausgebreitet würden, denn die seien ja von eingeschleusten Agenten erbracht worden und diese dürfe man nicht gefährden … Nur um den lästigen Frager loszuwerden, ließ man nach und nach einige Gefangene frei.

Ein Jude aus der Diaspora, argumentiert Wiesel heute, habe wohl doch das Recht, Israel zu kritisieren, unter zwei Voraussetzungen: Er müsse zuvor seine Verbundenheit mit Israel gezeigt haben, als das Land isoliert und gebrandmarkt war. Und es müsse der Fall eintreten, daß „Israel seine eigenen moralischen Gebote vergißt".

„Es gab Zeiten, da liebte ich Israel mit Stolz und Freude", bekannte er neulich in einem Interview. „Heute liebe ich Israel mit Angst."

Warum – noch einmal gefragt – mischt er sich ein? Warum bringt er sich selbst so gern in Schwierigkeiten?

Letztlich geht es ihm immer darum, das eigene Überleben zu rechtfertigen – und die Zeugenpflicht zu erfüllen, die ihn antreibt: „Eine Erfahrung nicht weiterzugeben heißt, sie zu verraten." Es gab einen Moment im Jahr 1970, da wollte er diese Art zu schreiben aufgeben; Neider hatten ihn und andere „Holocaust-Autoren" verleumdet, die Opfer des Massenmordes für ein gutes Geschäft zu mißbrauchen, aus Auschwitz Profit schlagen zu wollen. „Wie lange wollen Sie sich noch im Leiden suhlen?" fragte ihn ein besonders geschmackvoller Rundfunkreporter aus Belgien.

Seinen Entschluß, nicht mehr über die Vernichtungslager zu schreiben, machte er im Nachwort zur Essaysammlung *Entre deux soleils* publik – und nahm ihn nach einem erschütternden Offenen Brief des jüdischen Historikers Joseph Wulf zurück. Wulf, der einige Jahre später in Berlin Selbstmord beging, rief ihm zu: „Sie haben nicht das Recht, sich davonzustehlen, sondern die Pflicht, zu reden, zu berichten, zu erinnern (...)"

Anamnetische Ethik nennen Theologen und Philosophen diese Kultur der Erinnerung etwas hochtrabend. „Eingedenken" ist der zentrale Begriff jüdischer Tradition. Erinnerung hört auf die Opfer, um die Menschlichkeit heute zu retten. Erinnerung wehrt sich gegen das Verdrängen ihrer Leiden, um die Gleichgültigkeit gegenüber gegenwärtigen oder zukünftigen Schrecken zu verhindern. Erinnerung bedeutet keineswegs, sich wie gelähmt an die Vergangenheit zu klammern, im Gegenteil, sie setzt Kraft zum Handeln frei.

„Hitler", bemerkt Adorno in seiner *Negativen Dialektik*, „hat den Menschen im Stande ihrer Unfreiheit einen neuen kategorischen Imperativ aufgezwungen: ihr Denken und Handeln so einzurichten, daß Auschwitz sich nicht wiederhole, nichts Ähnliches geschehe." Weniger theoretisch ausgedrückt: Wer sich an die mit jüdischen Flüchtlingen aus Europa beladene *St.Louis* erinnert, die in keinem nord- oder mittelamerikanischen Hafen eine Landeerlaubnis bekam und am Ende nach Deutschland zurückkehren mußte, die Juden dem sicheren Tod ausliefernd, wer sich daran erinnert, wird heute über Einreisebeschränkungen für Asylsuchende anders reden als die forschen Stammtischpolitiker, die sogar die Folternarben der „Scheinasylanten" bezweifeln.

Mit Worten zaubern

„Was immer wir tun oder lassen, wir sind bewegt von dem, was damals geschah in jenem Reich der Finsternis", stellte Wiesel 1977 während einer Vorlesungsreihe in der *Northwestern University* in Evanston (Illinois) klar. „Was immer wir zu erreichen oder aufzugeben hoffen, was immer wir unterdrücken oder offenbaren möchten, wir werden stets auf jenes unsichtbare Mysterium starren, wo sich Gott und Mensch voller Entsetzen in die Augen schauten. Vor diesem Hintergrund muß alles, was bisher Geltung hatte, in Frage gestellt werden. Nach Auschwitz haben die Worte ihre Unschuld verloren, nach Treblinka ist Stille gefüllt mit neuer Bedeutung, nach Majdanek hat der Wahnsinn seine mystische Anziehungskraft wieder erlangt. (...) Jenes Geschehen beraubte den Menschen all seiner Masken."

„Der letzte Kommandant des Warschauer Gettos", so fuhr Wiesel in Evanston fort, „Mordechai Anielewicz, ein junger Mann, schrieb in den letzten Tagen des Widerstandes an seinen Freund Antek Zukermann nach draußen: ‚Da wir spüren, daß wir an das Ende unserer Tage gekommen sind, bitte ich Dich: Bewahre das Gedenken daran, wie man uns verraten hat.' Ja, wir wurden verraten. Die Welt wußte und schwieg. Unsere Einsamkeit war nur zu vergleichen mit der Einsamkeit Gottes. Die ganze Menschheit ließ uns fallen. Die ganze Menschheit ließ uns leiden, ließ uns mit dem Tode ringen, ließ uns sterben. Allerdings: Nicht nur unser Volk lag im Sterben. In uns allen kam etwas zu Tode."

Wenn Elie Wiesel Vorträge hält oder Interviews gibt, hängen die Menschen an seinen Lippen. Der warme Akzent in seiner ruhigen Stimme fasziniert ebenso wie sein schönes Gesicht mit den manchmal etwas träumerisch in die Ferne gerichteten Augen und dem schwermütigen Lächeln um die Mundwinkel. Nie wird er aggressiv, nie poltert er hysterisch los – was man ihm weiß Gott verzeihen könnte, wenn er von seiner ausgelöschten Familie erzählt und plötzlich erläutern soll, was er von den neuen antisemitischen Hetzparolen in Frankreich, Polen, Deutschland hält. Mit seinen Gesprächspartnern geht er ebenso herzlich wie höflich um, selbst wenn sie ihm geschmacklose und dumme Fragen stellen.

Es ist angenehm, Elie Wiesel zuzuhören – und es fällt schwer, dem suggestiven Charme nicht zu erliegen, mit dem er Bücher schreibt. Sein Stil ist keineswegs einfach, trotz des klaren Satzbaus und der Vorliebe für schlichte Wörter: Er schachtelt mehrere Erzähleben ineinander, blendet unvermittelt zurück, springt von der sachlichen

Schilderung plötzlich in die innere Reflexion, lockt den nichtjüdischen Leser in die dunklen Welten kabbalistischer Mystik, ohne sie zu erläutern. Zum Glück gelingt es ihm, auch solche komplizierten Inhalte in einen knappen, manchmal atemlosen Stil zu verpacken, dem man die journalistische Schule ebenso anmerkt wie die Prägung durch die Chronistensprache der Gettos und Lager. Wiesel: „Ein Satz ist soviel wert wie eine Seite, ein Wort soviel wie ein Satz. Das Unausgesprochene wiegt mehr als das Gesprochene. Jeder Punkt ist womöglich der letzte. (...) Nichts als das Wichtigste sagen – nur das sagen, was kein anderer sagen könnte."

Der Journalist Wiesel beherrscht die Kunst der Verknappung, über Seiten hinweg bestehen seine Bücher nur aus Dialogen, und seine Figuren tauschen Theorien über das Böse und den Sinn der menschlichen Existenz aus, erregend, aber nüchtern, mit „kahlen Worten ohne Eigenart und Körper", wie er selbst das nennt. Der Erzähler Wiesel ist ganz anders. Er müsse die Worte „singen" hören, um seiner Sätze sicher zu sein, hat er selbst gesagt. In seinen Romanen vergleicht er niedrige, schneebedeckte Dorfhäuser mit stummen, drohenden Greisen, und eine „gelbliche, gealterte, verbrauchte" Sonne läßt er „behutsam" am grauen Himmel aufgehen.

Eine Kostprobe aus den *Gezeiten des Schweigens*: „Die Dunkelheit verzog sich und schleppte dunkelgraue rotgefranste Wolken hinter sich her. Noch einmal siegte der Tag und verjagte den Feind mit Fußtritten. Das sich wiederholende Geheimnis der Schöpfung, dachte Michael."

Und eine aus dem *Fünften Sohn*: „Die Sterne erloschen, einer nach dem andern, schließlich verschwanden auch die letzten, als ob sie müde geworden seien, und auf einmal war es finster, finsterer denn je. Und dann brach rotgolden aufflammend wie nie zuvor der Morgen an, und die Umrisse des Gettos traten wie zögernd und widerwillig aus den Schatten der Nacht hervor."

Oder die Vorstellung einer Romanfigur in den *Pforten des Waldes:* „Seine Augen, zwei glühende Kohlen, die das Fleisch brandmarken und die Rinde durchstoßen, die das Wesen und seine Regungen beherbergt. Kaum heften sie sich auf dich, bist du nicht mehr derselbe."

Gestalten aus dem alten Sighet geistern durch diese Bücher – wie die mit skurriler, praller Phantasie gezeichnete greise Hexe Martha, „die amtliche Säuferin der Gemeinde", die sich nach Herzenslust gehen läßt und in einem „Teufelsrausch" zur Schau stellt: „Sie tanzt, sie hebt ihre weiten Röcke, sie zeigt ihren nackten, krätzigen Bauch, sie beschreibt unzüchtige Gebärden, sie stößt Schmähungen aus und schleudert Flüche in alle Winde. Glückselig spielt sie vor dem Weltall, ihrem Spiegel, wie vor Zuschauern." Betrunken, ausgelassen im Gewitter tanzend, begegnet sie einem kleinen Jungen, beginnt eine tiefgründige Unterhaltung über Lilith, die schöne Frau des Satans, und die Liebe. Davon verstehe er noch nichts, entgegnet der Knabe ängstlich. Niemand verstehe die Liebe, erwidert die alte Martha. „Sich lieben, Kleiner, heißt so tun, als ob man sich liebt. Das ist schon viel."

Erotische Erfahrungen schildert der schüchtern gebliebene Romancier übrigens immer sehr dezent – ein altmodischer Kavalier, der in einer schönen Frau die Freude Gottes an seiner Schöpfung entdeckt und sie am liebsten von weitem anbeten möchte. „In einer Hand hielt sie den Sturm, in der anderen die Stille: sie schenkte beides zusammen." Das genügt zur Charakterisierung eines Mädchens, von dem der heranwachsende Pedro in den *Gezeiten* Tag und Nacht träumt.

„Worte gebären Engel oder Dämonen"

Mit einer so poetischen Sprache lasse sich der Holocaust nicht schildern, haben ihm Kritiker vorgeworfen – und kaum zur Kenntnis genommen, daß die erschütternde Kraft seines Erstlings *La Nuit* gerade im kunstlosen Tagebuchstil liegt, mit dem er den Massenmord protokolliert. Niemand weiß besser als Wiesel, daß jeder, der über die Lager schreibt, Gefahr läuft, menschliches Leid zu ästhetisieren oder als Inspiration zu mißbrauchen. „Eine Geschichte über Majdanek ist fast schon eine Gotteslästerung", bekennt er in den Vorlesungen von Evanston. „Nein, es *ist* Gotteslästerung! (...) Dieses Geheimnis ist dazu verdammt, unversehrt zu bleiben."

Vielleicht ist den Rezensenten auch entgangen, wie sehr Elie Wiesel den großen Phrasen und den vorschnellen Antworten mißtraut. Worte, so zitiert er einen seiner Talmudlehrer, können Engel oder Dämonen gebären, sie haben schöpferische und zerstörerische Kräfte. „Wenn du ein Wort hinzufügst oder wegläßt, bedeutet das das Ende der Welt."

Heute, da dienten die Wörter nicht mehr zur Unterscheidung, sondern zum Kompromiß, klagt er in einem neueren Essay. Man könne mit ihnen die Wahrheit verwischen und die Hoffnung entleeren. Das Wort „beseitigt nicht das Chaos, sondern kaschiert es". Aber er möchte weiter an die geradezu sakrale Kraft der Worte glauben. Daran, daß sie manchmal, in Augenblicken der Gnade, den Taten gleichkommen.

„Du bist noch zu jung für die Philosophie", wehrt ein Rabbi in Wiesels Roman *Der fünfte Sohn* einen wißbegierigen Jüngling ab, in Brooklyn, wo einem die ganze Welt offensteht und alle Lebensprobleme lösbar scheinen. „Bis Vierzig muß man warten", versucht er den jungen Juden zu besänftigen.

„Auf die Antworten?" will der sich vergewissern. „Nein, auf die Fragen!"

So sieht Wiesel das wohl auch. Deshalb erzählt er viel lieber hintergründige Geschichten, als mit Pathos zu predigen (obwohl er damit virtuos umzugehen weiß). Auch die Trauerarbeit des Überlebenden leistet er mit Geschichten. Statt die Historie des Schreckens zu analysieren, schildert er, wie aus dem Königreich seiner Kindheit, dem Wunderland der Königin Schabbat, ein gigantischer Friedhof wurde.

Daheim in Sighet hatte Elie in der Nacht vor der Deportation die goldene Uhr, die man ihm zur *Bar Mizwa* (das Fest, an dem ein 13jähriger Jude als vollmündiges Mitglied in die Religionsgemeinschaft aufgenommen wird) geschenkt hatte, im Vorgarten unter einem Baum vergraben. Später wird er in der Geschichte *Die Uhr* von einem KZ-Überlebenden berichten, der nach zwanzig Jahren in sein von Fremden bewohntes Elternhaus zurückkehrt, heimlich die rostzerfressene Uhr ausgräbt – und in einem plötzlichen Entschluß wieder in der Erde verbirgt.

Vielleicht wird sie irgendwann ein Kind beim Spielen entdecken. Vielleicht wird es dann seine Eltern fragen, wer diese schöne Uhr in der Erde versteckt habe. Und vielleicht werden sie ihm von den Menschen erzählen, die einmal hier gelebt haben und verjagt und getötet worden sind, weil sie Juden waren. Eine Uhr soll an die Zeit erinnern – auch an die Zeit des Grauens und an ein ausgelöschtes Volk.

Die Geschichte hat, natürlich, autobiographische Züge. 1964 sieht der Autor tatsächlich seinen Geburtsort wieder, sehnsüchtig und zugleich voller Angst. Er erkennt die Straßen wieder, das Kino, das Krankenhaus, den Park. Alle Bäume an ihrem Platz, die Bänke auch. „Außer einem: Es gibt keine Juden mehr. (...) Es ist, als wäre ich ein Gespenst, als gäbe es mich gar nicht. Als hätte es mich nie gegeben. Haben hier wirklich einmal Juden gelebt, vor langer Zeit?"

Die Synagogen stehen noch, verschlossen, voller Staub und Schutt. In einer findet er Hunderte von hebräischen Büchern, Bibelauslegungen, Talmudkommentare, mit denen die Plünderer damals vor zwanzig Jahren nichts haben anfangen können. Fieberhaft beginnt er in dem Haufen zu wühlen und entdeckt ein paar seiner alten Bücher, mit krakeligen Anmerkungen von der Hand des 13jährigen Elie. Er stürzt hinaus, um nie wiederzukommen.

„Das ,Städtel', das kleine Reich, im Feuer errichtet und gereinigt, ist für immer dahin. (...) Mitsamt seinen Weisen und Schülern, seinen Predigern und deren Jüngern, seinen Träumern und ihren Träumen ist es verschlungen von Nacht und Rauch."

In Wiesels Schlüsselroman *Gezeiten des Schweigens* kehrt die Hauptfigur, Michael, ebenfalls in ihre Heimatstadt zurück, um die gleichgültigen Zuschauer von damals zu finden und zu stellen. Einer von ihnen wird zum Denunzianten, liefert Michael der neuen – kommunistischen – Führung aus und ihren Foltern, die sie in perfider Genialität den frommen Gewohnheiten der jüdischen Opfer angepaßt hat:

„Sie quälen nicht in ihren Gefängnissen. Man hat mir gesagt, sie hätten ein neues System eingeführt: sie treiben den Gefangenen zum Wahnsinn. Sie sperren ihn in eine ,Tempel' genannte Zelle ein, in der sie ihn mit dem Gesicht zur Wand Stunden und Tage stehen lassen. Das nennen sie ,das Gebet'."

Juden pflegen stehend zu beten.

Im Gefängnis ringt der zum zweiten Mal seiner Freiheit Beraubte um den Sinn seines Lebens und der ständig bedrohten menschlichen Existenz. Er findet diesen Sinn zu seiner Überraschung, als er einen schwachsinnigen Knaben vor der Lynchjustiz der Mitgefangenen rettet. Weil er für ihn am Leben bleiben will, übersteht er die Folter.

IV
TAG:

Ein Talmudlehrer kämpft für die Menschenrechte

*„Als Adam die Augen öffnet,
fragt er nicht: Wer bin ich? Sondern:
Wer bist Du?"*

Gezeiten des Schweigens markiert den Umschlag von
der trostlosen Prosa des Schreckens zu zaghafter Hoffnung. Der in das eigene Leiden und in das Schicksal seines Volkes verbissene Autor blickt sozusagen zum ersten
Mal auf, entdeckt einen neuen Horizont und die Lebenskraft, die in der Freundschaft steckt. „Du möchtest das
Leiden auslöschen", sagt Michaels Freund, „indem du es
auf die Spitze, und das heißt, bis zum Wahnsinn treibst.
Zu sagen: ‚Ich leide, daher bin ich', heißt ein Menschen-
feind werden. Es muß heißen: ‚Ich leide, daher bist du.'
(…) Ein Pfeil zeigt den Weg, den der Mensch einschlagen
muß: er führt zum anderen und nicht durchs Absurde."

„Die Toten haben hier nichts zu suchen. Sie sollen uns
in Ruhe lassen." Was da in seinem Roman *Le Jour* („Tag")
aus Wiesel herausbricht, wäre ihm früher lästerlich erschienen. Es ist wie ein Befreiungsschlag, ihm selbst
zunächst unheimlich. Für die Gegenwart müsse man sich
entscheiden, für die Lebenden und nicht für die Toten,
denn die Toten könnten nicht mehr leiden – wohl aber
die Lebenden. Und die Pflicht des Menschen sei es, dem
Leiden ein Ende zu bereiten. „Eine Stunde Leiden weniger ist schon der Sieg über das Schicksal."

In den *Gezeiten* ist unmittelbar von dieser „Befreiung

des eigenen Ich" die Rede, „das genug an sich gelitten hat, um sich in Liebe verwandeln zu können". Und in einem anderen Beziehungsroman, *Die Pforten des Waldes,* heißt es: „Das Leiden muß uns dem anderen gegenüber öffnen und ihn nicht zu einem Fremden machen." Unmenschlich sei es, sich in den Schmerz, in die Erinnerung einzuschließen wie in einen Kerker. „Kein Mensch hat die Mittel, die Nacht zu bekämpfen und zu bezwingen, wenn er in seinem Kampf nicht einen Mitmenschen zu Hilfe ruft: Zu zweit ist der Sieg möglich (...)."

Nein, das Leiden macht nicht heilig und vollkommen, wie die Fatalisten – christliche und jüdische – zu behaupten pflegen. Das Leiden schwemme das Niedrigste und die Feigheit im Menschen hoch, versichert der Chronist des Schreckens. „Es gibt im Leiden einen Markstein, hinter dem man ein Tier wird (...)." Deshalb muß man gegen das Leiden kämpfen, sich mit den Opfern verbünden, den Tätern das Handwerk legen. Wer die Einsamkeit mit ihrem unleugbaren Reichtum wählt, sei es aus Stolz oder aus Feigheit, macht er sich nicht zum „Mitverschwörer"? Wiesel: „Wir zahlen mit Tränen und Blut, die uns nicht gehören."

„Wir werden ohne den Messias auskommen müssen"

Adam und der Anfang: Als Gott den Menschen erschaffen hat, ist er allein. Einsam wie Gott. „Als er die Augen öffnet, fragt er nicht: Wer bin ich? Sondern: Wer bist Du?"

„Gott sagt zum Menschen nicht: ,Dein Leben gehört mir.' Gott spricht: ,Dein Leben gehört deinem Nächsten.'"

In fast schon besessener Wiederholung macht Elie Wiesel ein ums andre Mal klar, daß der Weg zu Gott über den Menschen führt. Während ihn die Fundamentalisten jeglicher Couleur in seinem Himmel voller Majestät einsperren wollen, sieht Wiesel den Schöpfer zutiefst in die Geschichte seiner Kreaturen verstrickt. Gern zitiert er den Stammvater aller Chassiden, Baal Schem Tow, mit seinem Programm: „Es gab einmal eine Zeit, da versuchten wir, Gott durch Lernen, Beten, Fasten und Kontemplation näher zu kommen, wir versuchten es, indem wir uns selbst erniedrigten, aber ich möchte gern einen neuen Weg eröffnen, einen Weg, der die Menschen fähig macht, sich Gott durch Liebe zu nähern, durch Liebe zu Gott, durch Liebe zur Torah und Liebe zu Israel."

„Ein Mensch allein ist Gott nicht nahe", behauptet Wiesel kühn. „Um nahe bei Gott zu sein, muß er einem anderen Menschen nahe sein." Und was ihn den Menschen nicht näherbringt, das entfernt ihn auch von Gott.

Mensch sein, Mensch werden, sich die Menschlichkeit nicht austreiben lassen, für Juden wie Wiesel ist das eine heiligere Sache als religiöse Höhenflüge. „Wer den Engel spielen will, macht nur Grimassen", heißt es am Ende der *Gezeiten*. „Es ist schwieriger, ein Mensch zu bleiben, als sich zu übertreffen suchen." Vom Reich der Himmel zu träumen, nütze überhaupt nichts, „wenn du dich dadurch von Kindern entfernst, die Durst haben, und von Müttern, die keinen Tropfen Milch in ihren Brüsten haben". Die wahren Menschheitsfragen, so ergänzt Gregor, die rätselhafte Hauptperson der *Pforten des Waldes*, stellen sich nicht auf den Gipfeln heiliger Berge, „sondern in jeder Behausung, in der ein Mann und eine Frau eigenhändig den kommenden Tag formen, im Anblick des Schicksals, mit Liebe und Hingabe".

Denn jeder Mensch ist ein lebendiges Heiligtum, Tempel, Zeuge, Nachbar Gottes und ein Königssohn. Und darum ist das unscheinbare Bemühen, die Welt menschlicher zu machen, sogar wichtiger als das Erscheinen des Messias. „Ob der Messias kommt oder nicht, gleichviel", erklärt Gregor seiner Geliebten Clara. „Wir werden ohne ihn auskommen müssen. Es ist nämlich zu spät, die Hoffnung ist uns auferlegt. Wir werden aufrichtig sein, demütig und stark, dann wird er kommen, er wird alle Tage kommen, tausendmal am Tag. Er wird kein Gesicht haben, denn er wird tausend Gesichter haben. Der Messias, Clara, ist kein einzelner Mensch, sondern alle Menschen."

Allein schon das Leiden weiterzusagen, verändert ein drückendes Schicksal, denn Kommunikation bedeutet immer Leben; der Tod verschließt den Mund. Der Roman *Der Schwur von Kolvillág* ist die Geschichte eines Pogroms in einem osteuropäischen Dorf des frühen 20. Jahrhunderts – und die Geschichte einer völlig ungewohnten Reaktion der jüdischen Opfer: Bisher waren sie immer stolz darauf gewesen, sich von keinem Verfolger und Henker zum Schweigen bringen zu lassen. Doch weder Worte noch Taten hatten eine Wiederholung der Gemetzel verhindern können. Deshalb wollen sie es diesmal mit Schweigen versuchen: „Wir werden den Feinden die absolute Herausforderung entgegenschleudern, nicht durch die Sprache, sondern durch die Sprachlosigkeit (...) Wir werden kein Zeugnis mehr ablegen."

Ein einziger Dorfbewohner, Azariel, überlebt das Massaker. Fünfzig Jahre lang hält er sein Schweigegelübde – bis er irgendwo einen jungen Mann kennenlernt, dessen Eltern ebenfalls der Vernichtung zum Opfer gefallen sind und der sich jetzt verzweifelt das Leben nehmen will. Ein Selbstmord, der die Morde in Kolvillág vervollständigen und dem Tod einen neuen Triumph verschaffen würde, denkt der altgewordene Azariel – und bricht sein Schweigen. Er erzählt dem Lebensmüden die Geschichte seines

Dorfes und seiner toten Freunde, in allen Einzelheiten, er vertraut ihm eine Botschaft an und rettet damit sein Leben: „Weil du jetzt, nachdem du diese Geschichte gehört hast, kein Recht mehr hast, zu sterben." Weil er jetzt zum Boten geworden ist, verantwortlich für die Erinnerung. Zu reden und Leben zu retten, ist wichtiger als jeder Schwur.

Ähnlich der Plot im *Testament eines ermordeten jüdischen Dichters;* den Roman hat Wiesel nach seinem ersten Besuch in der Sowjetunion geschrieben. Vor dem Hintergrund des von Stalin im August 1952 angeordneten Vernichtungsfeldzugs gegen die jüdische Intelligenz wird das Leben des Schriftstellers Paltiel Kossower erzählt, der sich vom Judentum gelöst hat, um Kommunist zu werden, und nun im Gefängnis seine Wurzeln wiederentdeckt, während er auf die Hinrichtung wartet. Die Richter glauben den lästigen Querdenker zum Schweigen gebracht zu haben. Und Paltiels Sohn Grischa entscheidet sich freiwillig ebenfalls für das Schweigen: Er beißt sich die Zunge ab, um nicht irgendeinem Denunzianten unvorsichtigerweise etwas über seinen Vater zu verraten!

Doch die allmächtigen Behörden haben nicht mit dem alten Gerichtsschreiber Zupanew gerechnet, der die Säuberungsaktionen, unbedeutend wie er ist, überlebt und viel später den stummen Grischa kennenlernt. Als er ihm die Gedichte und Aufzeichnungen seines toten Vaters und die Verhörprotokolle übergibt, hat er dessen Testament erfüllt. „Für den Juden besteht die Wahrheit darin, daß er unter seinen Brüdern leben muß", verkündet Paltiel. Grischa versteht und emigriert nach Israel. Und Zupanew, der in seinem tristen Leben nie gelacht hat, bricht in Gelächter aus: Er, der kleine Gerichtsschreiber, ist mächtiger als Geheimdienst und Politbüro, ja mächtiger als Stalin. Das Wort hat mehr Kraft als die Gewehre, und es wird die Welt nachhaltiger verändern als die Exekutionskommandos.

Die Rache der Toten

Immer wieder taucht in diesen Büchern irgendein Überlebender auf, der vom Haß und vom Hunger nach Genugtuung durch die Welt gehetzt wird und dann, als er endlich einem Mörder von damals gegenübersteht, auf Rache verzichtet – erschrocken, widerwillig, sich gegen die Erkenntnis aufbäumend, daß Rache das Opfer erst recht an den Mörder bindet und selbst zum Täter macht.

In dem Roman *Der fünfte Sohn* enttarnt so ein Racheengel den SS-Offizier, der seinen Bruder bestialisch zu Tode gequält hat und jetzt unter falschem Namen als angesehener Industrieller im Wirtschaftswunder-Deutschland lebt. Mühsam beherrscht, erzählt er dem bleich hinter seinem Luxusschreibtisch thronenden Henker die Geschichte seiner Opfer, versucht vergeblich, das Rätsel dieses unmenschlichen Menschenlebens zu entschlüsseln: „Wie konnten Sie so viele Schmerzen und Leiden zufügen, ohne daß sie Ihnen im Gesicht geschrieben stehen? Wie konnten Sie den Tod bringen, ohne ihn selbst zu erleiden? Sie waren der Tod, wie haben Sie es angestellt, nicht zu sterben?"

Aber die geladene Pistole läßt er in der Jackentasche stecken. Eine alte rabbinische Weisheit geht ihm durch den Kopf: „Der Herr möge strafen, das ist sein Recht. Aber meine Sache ist es, mich zu weigern, ihm als Peitsche zu dienen." Er vernichtet den Mörder, indem er ihn am Leben läßt. „Sie werden nie mehr Frieden finden", sagt er, ehe er die Tür schließt.

In *L'Aube* („Morgengrauen") sind die Rollen vertauscht: Der Philosophiestudent Elischa schließt sich den jüdischen Guerillakämpfern an, die Englands Truppen aus Palästina zu vertreiben suchen. Juden, sagt er begeistert, wollen keine angstschlotternden Opfer mehr sein, sondern ihre Rechte durchsetzen. Doch als er eine englische Geisel töten muß, sieht er sich plötzlich ins KZ zurückversetzt, in der Uniform eines SS-Offiziers, und begreift: Mit dem Feind ist auch ein Stück seiner selbst gestorben.

„Ich studierte uns beide. Die Situation hatte etwas Antikes. Wir waren allein, nicht nur allein in der Zelle, sondern auch in der Welt. Er saß, ich stand. Das Opfer und der Richter. Wir waren die ersten Menschen der Schöpfung. Oder die letzten. Jedenfalls die einzigen. Und Gott? Sicherlich war er da, irgendwo."

Der Bettler von Jerusalem ist eines der wenigen Werke des produktiven Schriftstellers, die nicht nur im Feuilleton gelobt, sondern auch ein Verkaufserfolg wurden, in Frankreich und in den USA. An der Jerusalemer Klagemauer – seit der Rückeroberung der Altstadt im Sechstagekrieg 1967 wieder im Besitz der Israelis – sitzen Bettler und führen dunkle Gespräche, in denen Vergangenheit und Gegenwart verschmelzen, Sighet und Rom, der Glanz der alten Gelehrtenschulen und die Massengräber in Polen und Rußland, Irrenhäuser und Schlachtfelder. Bettler sind bei Wiesel ebenso Symbolfiguren wie Kinder und Verrückte: Vaganten ohne Heimat und Habe, stellen sie die Selbstverständlichkeiten einer satten Gesellschaft in Frage, rühren an Tabus, hadern mit Gott und schärfen die Gewissen.

Ein Soldat namens David, ein Überlebender, der um einen gefallenen Freund trauert, findet Zugang zu den zerlumpten Mystikern – und zu all den Toten der jüdischen

Geschichte, die hier am Klageort gegenwärtig sind. In einem schmerzlichen Prozeß befreit er sich aus der Umklammerung der Vergangenheit – die er zum Verbündeten gewinnt: Bisher ist er wie gelähmt dagestanden. Fortan wird er sich erinnern, um Kraft zum Weitergehen zu gewinnen. David steckt eine Bittschrift in die Ritzen der Klagemauer: Die Toten, mächtig und nach Rache dürstend, sollen Mitleid mit der Welt haben, die sie verraten hat.

Die Angst vor dem „langen Winter"

Während Elie Wiesel die Galerie seiner Romane und Essaysammlungen vervollständigte, als Gastredner herumgereicht wurde und Literaturpreise sammelte wie den französischen *Prix Medicis* oder den *National Jewish Book Council Award*, mag er sich manchmal gefragt haben, ob der Preis für dieses Leben im Rampenlicht nicht zu hoch war. Die Journalisten- und Autorenexistenz hatte er bewußt gewählt, aber zu seiner Vorstellung vom Schreiben gehörte das Schweigen und Nachdenken und Studieren wesensmäßig dazu. Die Zeit dafür mußte er sich immer mühsamer erkämpfen. Und die neue Rolle als Familienvater faßte er keineswegs als spielerische Freizeitbeschäftigung auf.

Marion ist für ihn alles andere als die schöne Bewunderin mit der sich ein berühmter Mann schmückt, sondern intellektuelle Herausforderung und kritische Instanz. Und in den 1972 geborenen Elischa ist er vernarrt wie jeder Jude in seinen Sohn; wenn er in der Synagoge neben ihm steht, fühlt er sich wie Abraham als Stammvater eines nicht zu zählenden Volkes.

Es war nicht nur ein Zeitproblem; der Journalismus befriedigte ihn immer weniger. Obwohl die Welt vibrierte wie nach einem Erdbeben: Amerikas Verstrickung in den Vietnamkrieg. Aufflammende Freiheitsbewegungen, die alsbald brutal niedergeschlagen wurden wie der Prager Frühling. Die ersten Schritte eines Menschen auf dem Mond. Flugzeugentführungen durch Terroristen, Brandstiftung in der El-Aqsa-Moschee in Jerualem, ein Massaker der jordanischen Armee an Palästinensern.

Doch der Chronist begann müde zu werden. Das Niveau der Aussprachen bei den Vereinten Nationen enttäuschte ihn. Wiesel: „Ich muß mich zwingen, über politische und diplomatische Tagesereignisse zu berichten, deren Protagonisten häufig langweilig, um nicht zu sagen: mittelmäßig sind. Kurz: Ich bin nicht mehr mit dem Herzen dabei (...) ich bin es überdrüssig, immer dieselben Sprachformeln mit anderen Namen zu wiederholen. ‚Gestern abend traf sich X zu einer Unterredung mit dem Botschafter von ... Anscheinend ... wurde jedoch dementiert.‘ Es kommt mir vor, als würde mein Wortschatz von Tag zu Tag kleiner.“

Dabei stellte sich jetzt – mit dem *Bettler von Jerusalem* – der bisher vermißte literarische Erfolg beim breiten Publikum ein. Wiesel bekam sogar Filmangebote, nicht nur für den *Bettler:* Orson Welles wollte *La Nuit* verfilmen. Wiesel lehnte ab, aus den bekannten Gründen; die Schoah sei kein Stoff für ein Hollywood-Drama. Er hatte das richtige Gespür: Die Leinwandadaptionen seiner beiden Romane *Morgengrauen* und *Testament eines ermordeten jüdischen Dichters* verschwanden nach kurzer Zeit in den Archiven. Seine Sprache sei eben das Wort und nicht das Bild, stellte Wiesel trocken fest.

Er hatte genug zu tun. Interviews für Rundfunkanstalten, Morgenblätter, Abendzeitungen. Ob er nicht etwas über die jüdische Literatur in den USA schreiben könne?

„Wenn man dem Anrufer glauben darf, hängt das kulturelle Schicksal Israels, wenn nicht gar Gottes Schicksal davon ab. Keine Zeit? Dann vielleicht ein Gespräch zum selben Thema, ja?" Ein Star des staatlichen israelischen Fernsehens möchte ihn als Gast in seinem wöchentlichen Magazin haben; vier Intellektuelle sollen ihn befragen. „Wann? Übermorgen." Die von ihm belieferten Zeitungen hungern nach Beiträgen, seit er einen Namen hat; „sie wären froh über jeden Artikel von mir, und handelte er auch nur von der theologischen Dimension der chinesischen Küche".

Schreiben, Reden halten, jungen Menschen in der Hochschule jüdische Kultur und den Mut zum Weiterfragen beibringen: „Ich habe das Gefühl, in einem Räderwerk zu stecken, und komme nur schwer wieder heraus. Jeden Abend, jeden Morgen sage ich mir: Die Gefahr liegt in der Verzettelung, morgen werde ich aufpassen und meine Zeit besser einteilen. (...) Es wird schwieriger und anstrengender zu schreiben. Ich werde auch selbstkritischer. Ich muß allein sein und Ruhe haben. Dann kann ich die Fallen, die sich hinter den Wörtern verbergen, besser erkennen." Wie die richtigen Worte finden für Wahrheiten, denen man sich mit Worten allenfalls annähern kann? Er füllt den Papierkorb mit verzweifelt verworfenen Versuchen. „Unablässig schreibe ich die Seite neu, fünfmal, zehnmal, und am Ende bleibe ich beim ersten Entwurf. Um an ihm festzuhalten, mußte ich jedoch die anderen loswerden."

Er spürt, wie er älter wird. Wie lange wird er noch etwas zu sagen haben? Wird er aufrichtig genug sein, sich einzugestehen, wenn die Quelle versiegt ist? „Wie viele Frühlinge bleiben mir noch bis zum langen Winter?" fragt er im zweiten Band der Autobiographie. „Wie viele Versuche vor der erschreckenden Erkenntnis, gescheitert zu

sein?" Als das Buch erscheint, ist er 68 Jahre alt. Koket-
tiert da ein gefeierter Autor mit dem eigenen Erfolg, oder
schnürt ihm wirklich das Bewußtsein des nahenden Todes die Kehle zu?

„Ich lerne von meinen Schülern"

Die Vorlesungstermine, die Abgabefristen für Manuskripte, die tausend Einladungen rauben ihm nicht nur
den Nerv, sie lenken auch gnädig von solchen Fragen ab.
Er läßt sich leicht überreden, genießt nach eigenem Be-
kunden das Gefühl, gebraucht zu werden: „Es ist immer
dieses verdammte Gefühl, meinem Volk etwas ‚schuldig'
zu sein."

Ist das auch die Motivation für seine Lehrtätigkeit, die
ihm Freude macht – und Qualen bereitet? Denn das Lampenfieber verläßt ihn nie; er zittert jedesmal, wenn er irgendwo ein Podium besteigt, sein Herz flattert: Wird er
das Publikum fesseln können? Was ist, wenn er einen
wichtigen Gedanken vergißt? Kaum hat er den letzten
Satz gesprochen, verläßt er fluchtartig das Rednerpult.

Aber Lehren ist für ihn mehr als bloße Kopfarbeit, die
hat ihm nie genügt, Lehren bedeutet Handeln, bewahrte
Erinnerung. „Ich werde mich engagieren. Ich werde unterrichten, teilen und mitteilen, Zeugnis ablegen."
Außerdem befriedigt die gewissenhafte Vorarbeit – den
Vorlesungen und Seminaren über biblische und talmudi-
sche Themen widmet er jedesmal Wochen, bisweilen
Monate des Forschens – seine unstillbare Leidenschaft
für das Studium. „König Lear irrt sich: Man ist nie zu alt,
um dazuzulernen."

Natürlich ist er auch dankbar für die Professur in New
York, die ihm sozusagen in den Schoß gefallen ist, ohne

daß er die vorgeschriebene wissenschaftliche Ochsentour hat absolvieren müssen: Habilitation, Assistentenjobs, bescheidene Hilfstätigkeiten, langweilige Gremiensitzungen. Man hat ihm sogar einen Lehrstuhl in Yale angeboten, doch hier wäre er stärker angebunden als in New York, und seine Reisen bedeuten ihm viel, jede ein kleines Abenteuer und, so verrückt es klingt, sie ermöglichen ihm ein Stück Einsamkeit. Also lehnt er Yale ab; Elischa wird später dort studieren.

Zwischendurch hält er gutbesuchte Vorlesungen im Jüdischen Kulturzentrum von New York (mehr als 120 Vorträge hat er aufgelistet, jedesmal mit einem neuen Thema) und in Paris, für Judaistik-Studenten an der Sorbonne und am angesehenen Raschi-Zentrum.

Es ist die Hochschulpolitik, die ihn vom New Yorker *City College* vertreibt: Von einem Tag auf den andern fallen sämtliche Zulassungsbeschränkungen. Dadurch steigt zwar die Studentenzahl, aber nicht das Niveau. Wiesels Kollegen klagen, aus der Hochschule sei eine Art Gymnasium geworden. „Ließen sie die Faulpelze durchfallen, setzten sie sich der Gefahr aus, von den ethnischen Minderheiten der Rassendiskriminierung beschuldigt zu werden."

Deshalb erfolgt 1976 der Wechsel an die Universität Boston, wo er am Institut für Philosophie und Religionswissenschaft ähnlich gute Bedingungen vorfindet: die Möglichkeit, sich als *University professor* die Themen seiner Vorlesungen und Seminare ebenso frei auszusuchen wie seine Studenten. Zusätzlicher Streß ist vorprogrammiert, weil die Wiesels ihre Wohnung in New York, am Central Park, behalten. Der Flug nach Boston dauert zwar nur eine Stunde, aber im Winter, wenn der Schnee die Flugpläne durcheinanderbringt, ist er mit dem Zug fünf Stunden hin und fünf Stunden zurück unterwegs. Und Boston ist nicht sein einziger Arbeitsplatz; Wiesel gibt Seminare an der *International University* und am *Eckerd College* in Florida, er hält Vorträge an vielen großen und kleinen amerikanischen Hochschulen, und gastweise kommt er nun doch nach Yale, um über „Glaube und Auflehnung in der alten und in der modernen Literatur" zu lesen und zusammen mit den Mitgliedern der Geisteswissenschaftlichen Fakultät das Buch Ijob zu meditieren (das er schon einmal zwei Jahre lang in einer tiefschürfenden Fernsehserie analysiert hat).

Aber Elie Wiesel, dieser verkappte Rabbi und Talmudmeister, ist mit Leib und Seele Lehrer. Er lernt mit seinen Schülern und von ihnen. „Im stillen sage ich mir: Ich bin vielleicht nicht der beste Hochschullehrer, aber ich bin sicher der eifrigste Schüler." Sie spüren, daß er ihnen keinen Pflichtstoff vorträgt, sondern sein Herz an die alten Überlieferungen verloren hat; sie können mit jedem Problem zu ihm kommen; sie wissen, daß er ihre Arbeiten von seinem intelligenten Assistenten benoten läßt, weil er selbst unfähig ist, schlechte Zensuren zu geben – und dafür lieben sie ihn.

Vor allem die Kinder Überlebender, die in seine Seminare über Geschichte und Literatur des Holocaust strömen, weil sie verstehen wollen, warum ihre Eltern so selten lachen oder sie mit einer erdrückenden Liebe belasten. „Eines Tages bricht ein Student in meinem Büro in Tränen aus: Sein Vater hatte seine erste Frau und alle seine Kinder verloren; seine Mutter hatte ebenfalls die Ermordung ihres Mannes und ihrer Kinder erlebt. Sie haben sich nach der Befreiung in einem Lager für Displaced persons in Deutschland kennengelernt, und zusammen haben sie einen Sohn: ihn. ,Jedesmal, wenn sie mich ansehen, weiß ich, daß sie nicht mich meinen.'"

Arafat, Kissinger, Reagan – und das Schweigen Europas

Eben ist er noch zu Besuch in Jerusalem gewesen, hat sein Söhnchen Elischa durch die Gassen der Altstadt getragen und seine kleine Hand an die Klagemauer gehalten, da bricht 1973 der Jom-Kippur-Krieg aus. Diesmal haben die Feinde Israels den ersten Schlag führen können. Das westliche Europa hält sich heraus, und Wiesel sinnt verbittert über die „Macht der Petrodollars" nach ...

Ein Jahr darauf wird PLO-Chef Jassir Arafat in der UNO-Vollversammlung umjubelt. Elie Wiesel versteht die Welt nicht mehr. Ungerührt spricht man über das mögliche Verschwinden Israels von der Landkarte. „Wird dieses junge und doch so alte Volk den nächsten Angriff überstehen, und um welchen Preis?" fragt er in der *New York Times*. Er verweist auf die geschändeten jüdischen Friedhöfe in Frankreich und Deutschland, auf Hetzkampagnen in Sowjetrußland und die stark in Mode gekommenen Neudrucke antisemitischer Pamphlete und kommt zum Ergebnis: „Zum ersten Mal seit langer Zeit befürchte ich, der Alptraum könnte von neuem beginnen. Vielleicht hat er nie aufgehört."

Zwanzig Jahre später wird er Arafat mit neuen Augen sehen, wird über die Festigkeit staunen, mit der er gegen allen Widerstand aus den eigenen Reihen für Mäßigung und Versöhnung eintritt. Der Terrorist Arafat sei wohl immer auch ein Freiheitskämpfer mit Idealen gewesen. Wiesel bereut es, mehrere Gesprächsangebote des PLO-Chefs ausgeschlagen zu haben.

Entsetzt beobachtet er die Eskalation des Terrors, besucht einen Militärstützpunkt an der Grenze zu Syrien, wo die Kinder in Luftschutzbunkern schlafen, lernt Henry Kissinger kennen, den ersten jüdischen Außenminister der USA, dem orthodoxe Glaubensbrüder nicht verzeihen können, daß er ausgerechnet an einem Schabbat eine Nichtjüdin geheiratet hat. Wiesel ist fasziniert vom kühlen Verstand und analytischen Scharfsinn des umstrittenen Diplomaten.

Vielleicht noch mehr bewundert er den ägyptischen Staatschef Anwar as-Sadat, der seine Friedenspolitik mit dem Leben bezahlen wird – und die Noblesse der Israelis, die ihn in Jerusalem wie einen von weither angereisten Verwandten empfangen, obwohl unter ihnen Witwen, Eltern und Waisen sind, die Angehörige im Jom-Kippur-Krieg verloren haben. In solchen Momenten ist Wiesel stolz auf sein Volk. Und weiß, welche Aufgabe den kommenden Generationen bevorsteht: „Wer lehrt uns, den Frieden so zu feiern, wie unsere Vorfahren den Krieg verherrlicht haben?"

Sadats Tochter Camilla, eine gläubige Muslimin, wird bei Professor Wiesel ihre Doktorarbeit schreiben. Der behauptet zwar unbeirrt weiter, überhaupt kein politischer Mensch zu sein, ist aber längst in die Rolle einer kritischen Instanz des Zeitgeschehens hineingewachsen. US-Präsident Carter, vielleicht etwas zu plakativ bibelfromm, aber ein ehrlicher Makler der Menschenrechte, sucht seine Nähe. Vor dem ersten Gespräch über die geplante Regierungskommission, die das Gedenken an den Holocaust wachhalten soll, hat er die Archive durchforsten lassen, überreicht Wiesel mit bescheidener Geste Luftaufnahmen von Auschwitz und läßt sich vom stillen Sterben der Tausende erzählen.

„Diese Aufnahmen standen doch dem amtierenden Präsidenten von 1944 zur Verfügung?" fragt Wiesel, wie er schon hundertmal gefragt hat. Warum Roosevelt dann die Eisenbahnschienen nach Auschwitz nicht habe bombardieren lassen? Carter schweigt, sein Lächeln ist verschwunden. „Was können wir *heute* tun?" fragt er verlegen zurück. Seine Scham ist nicht gespielt.

Eine Überraschung erlebt Wiesel mit Carters Nachfolger Ronald Reagan. Weil Carter den von Wiesel geleiteten *Holocaust Memorial Council* mit seinen eigenen politischen Gefolgsleuten besetzt hatte, wie es in Washington üblich ist, verlangt man einen kollektiven Rücktritt, was wiederum Wiesel angesichts der gerade laufenden Projekte und der investierten Arbeit wenig sinnvoll findet. Fortan steht das Weiße Haus dem Gremium mit mißtrauischer Reserve gegenüber – bis die alljährliche Holocaust-Gedenkstunde naht. Es ist Reagans erster öffentlicher Auftritt, seit ein verwirrter junger Mann auf ihn geschossen hat. Ganz Washington ist gekommen.

Elie Wiesel hält keine feierlich-akademische Rede. Er liest ein jiddisches Gedicht vor, das den ermordeten jüdischen Kindern gewidmet ist: Ob sie alle Boten geworden seien, um den Himmel an die noch Lebenden zu erinnern? Und Reagan, der für Emotionen überaus empfängliche einstige Schauspieler, wischt sich die Tränen aus den Augen. Er legt sein Manuskript beiseite und hält aus dem Stegreif ein fantastisches Plädoyer gegen Rassismus und Diskriminierung.

Was die vereisten Beziehungen zwischen dem „Gedenkrat" und der Bürokratie im Weißen Haus leider nicht verbessert. Es gibt telefonische Einladungen Reagans, aber das ersehnte Gespräch unter vier Augen kommt nicht zustande. „Sekretäre und Sekretärinnen besaßen mehr Macht als Reagan selbst", vermutet Wiesel. Vier Jahre später geraten sie notgedrungen hart aneinander, als sich der Präsident zu der unendlich geschmacklosen Versöhnungsgeste auf den Soldatenfriedhof Bitburg lotsen läßt. „Vor Reagan hatte es noch niemand gewagt, in der blasphemischen Verkürzung so weit zu gehen", schreit

Wiesel empört auf, als der Präsident in seinen hilflosen Rechtfertigungsversuchen die dort auf dem Friedhof begrabenen SS-Leute mit den vergasten KZ-Häftlingen vergleicht; beide seien Opfer eines unmenschlichen Systems gewesen.

Angewidert lehnt er das Ansinnen ab, Reagan als Alibifigur nach Bitburg zu begleiten. Beim jährlichen Holocaust-Gedenkakt beschwört er ihn vor den aus aller Welt angereisten Kamerateams: „Das ist kein Platz für Sie, Mister President! Ihr Platz ist an der Seite der *Opfer* der SS!" Im Rückblick nimmt er den in politischen Fragen völlig von seinen Mitarbeitern abhängigen Präsidenten in Schutz: Er sei von Helmut Kohl eingewickelt worden und habe am Ende geglaubt, eine Absage des Besuchs in Bitburg bedeute Kohls politisches Ende und damit auch eine ernste Bedrohung für das deutsch-amerikanische Bündnis.

Wiesel hat damals unverzüglich seinen Rücktritt als Vorsitzender des *Holocaust Memorial Council* eingereicht. Und er läßt sich die Überzeugung nicht nehmen, mit dem Auftritt in Bitburg habe jene Renaissance brauner Gesinnung in Deutschland begonnen, die zu den Aufmärschen der Neonazis und ihren Brandanschlägen auf Ausländerwohnungen führen sollte.

„Was für eine Dreckswelt!"

Nicht nur in Washington macht er den Mund auf, und er kritisiert nicht nur die unsensible deutsche Regierungspolitik. Eisiges Schweigen antwortet ihm, als er 1974 in Jerusalem vor dem Regierungsbeirat der *Jewish Agency* spricht, einem parlamentsähnlichen Forum, in dem auch nichtjüdische Israelis sitzen. Das Land hat gerade den

Jom-Kippur-Krieg überstanden, wird von einer politischen Vertrauenskrise, Enthüllungen, Skandalen erschüttert.

In dieser heiklen Situation wagt es der Diasporajude Wiesel, den Staat Israel zu bitten, seine neuen Einwanderer etwas freundlicher zu empfangen, die russischen Juden wie Brüder zu behandeln und gegenüber den Palästinensern und Arabern eine versöhnliche Haltung einzunehmen, wie es biblischem Geist entspreche. Warum sich Juden wie er entschlossen hätten, in der Diaspora zu leben? Vielleicht weil der Staat Israel erst gegründet worden sei, als die europäischen Juden schon verloren gewesen seien.

Und vielleicht auch, weil dieser Staat anderen Staaten so ähnlich sei. Wiesel: „Ich möchte Israel nicht nur lieben, ich möchte es auch bewundern. Ich möchte dort finden, was ich sonst nirgendwo finde: einen bestimmten Gerechtigkeitssinn und den Sinn für Würde und Mitgefühl. (...) Wir sähen es gerne, daß Israel Sophokles' Diktum widerlegt, die Gerechtigkeit liege niemals mit dem Sieger in einem Bett. Wir würden gerne die innere geistige und religiöse Stärke Israels feiern und nicht nur seine Siege. Kurz, wir wünschen uns ein Israel, das alle Eigenschaften hat, die *wir* nicht haben."

Es läßt sich nicht mehr feststellen, ob diese Rede so gehalten worden ist, im Manuskript liest sie sich jedenfalls so. Denn die Atmosphäre im Saal wurde so frostig, daß Wiesel irgendwann seine Blätter hinlegte, ein belangloses Schlußwort murmelte und den Raum verließ.

1991 bricht der „Golfkrieg" aus: Multinationale Truppen unter der Führung der USA attackieren und bombardieren den Irak, der sich Kuwait einverleiben will. Israel nimmt nicht am Krieg teil, wird aber als langjähriger Verbündeter der USA von Saddam Hussein bedroht; irakische

Raketen schlagen auf israelischem Boden ein. Wiesel ist in Erwartung dieser Angriffe nach Israel gereist, er will sich nicht wieder vorhalten lassen, den Überlebenskampf seines Volkes vom sicheren Ausland aus zu verfolgen.

Ergriffen erlebt er die Disziplin der Zivilbevölkerung während der Bombenalarme; unter dem Druck der USA und der Vereinten Nationen verzichtet Israel auf Vergeltungsmaßnahmen. Entsetzt erfährt er, daß es deutsche Rüstungsfirmen waren, die Saddam Hussein das gegen die Kurden eingesetzte Giftgas und eine Menge Waffen geliefert haben. „Immerhin", bemerkt ein Mann auf der Straße, „haben die Deutschen nicht nur dem Irak das Gas, sondern auch Israel die Gasmasken verkauft." Den Kommentar einer alten Dame hat sich Wiesel notiert: „Was für eine Dreckswelt!"

Und wo bleiben die Demos der liberalen Intellektuellen, wo bleibt die Empörung der „grünen" Bewegungen, die sich sonst so wortgewaltig engagieren, wenn Land, Luft und Meer in Gefahr sind? Hat Saddam Hussein nicht die schlimmste ökologische Katastrophe der modernen Geschichte verursacht, als er die Ölquellen von Kuwait in Brand setzte? Wiesel wird sehr deutlich und sagt, man könne den Pazifismus auch übertreiben: „Angesichts eines Saddam Hussein hat man nicht das Recht, im Namen hehrer oder ewiger Grundsätze die Waffen ruhen zu lassen. Denn alle Ideen und alle Ideale der Menschheit und des Schöpfers wiegen weniger als seine chemischen Waffen."

Auf Hitlers Balkon am Heldenplatz

1996 lädt man ihn nach Polen ein, zur Gedenkfeier 50 Jahre nach dem Pogrom von Kielce, wo ein wahnsinniger Pöbel am hellichten Tag 42 Juden ermordete. Wiesel will wissen, warum damals niemand das Massaker verhinderte, wo die friedlichen Bürger waren und die Ordnungskräfte. Und er benutzt die Gelegenheit, sein Befremden über die jungen Christen auszudrücken, die in Auschwitz-Birkenau „guten Glaubens" Kreuze aufgestellt und auch ein paar Davidsterne angebracht haben. Eine solche Aktion müsse die überlebenden Juden verletzen; auf diesen makabren Friedhof gehöre kein religiöses Symbol, weder ein Kreuz noch ein Davidstern.

Wiesels dezente Kritik läßt den latenten Antisemitismus im Land explodieren. Rechtsradikale Zeitungen greifen ihn wütend an, aber auch einige katholische Führer. Ob man bloß an deutsche Mörder erinnern dürfe und an polnische nicht, fragt der zur Rechenschaft Gezogene traurig. Er hat schon genug schreckliche Geschichten von zurückgekehrten Holocaust-Überlebenden gehört, die von den neuen Besitzern ihrer Häuser mit den Worten „Was, Sie sind gar nicht tot?" empfangen und davongejagt wurden. O ja, man hat aus einem der Blocks von Auschwitz ein Museum gemacht (das meist „wegen Renovierung" geschlossen ist), um die Empfindlichkeiten westlicher Touristen zu befriedigen. Aber von den Juden (90 Prozent der in Auschwitz Umgekommenen waren Juden) ist im Museum und bei Gedenkveranstaltungen so gut wie nicht die Rede.

Als die jüdischen Opfer auch bei den Feierlichkeiten zum 50. Jahrestag der Befreiung des Lagers unerwähnt bleiben, stellt Wiesel seinen Nobelpreiskollegen Lech Walesa, Gründer der Gewerkschaft *Solidarnosç* und Staatspräsident Polens, zur Rede. Die beiden kennen sich, Walesa wollte ihm die mit dem Nobelpreis verbundenen 0,8 Millionen Mark kurzerhand schenken, er selbst könne doch nichts damit anfangen! Jetzt ist er liebenswürdig, betroffen. Tags darauf widmet er dem einzigartigen jüdischen Schicksal in seinen Ansprachen nachdenkliche Worte, und ein Rabbiner stimmt das *Schema Israel* an, das Glaubensbekenntnis, mit dem Juden all die Jahrhunderte in den Tod gegangen sind – auch hier in Auschwitz.

Ähnliche Probleme in der Ukraine, wo in Babij Jar bei Kiew zehn Tage lang Juden mit Maschinengewehren hingemäht wurden und nun endlich ein riesiges Mahnmal eingeweiht werden soll, bombastisch, geschmacklos, im Stil der Stalin-Ära – aber immerhin. Doch als Wiesel mit einer US-Delegation im Auftrag von Präsident Clinton an der Enthüllung teilnehmen soll und die Inschrift liest, Faschisten hätten hier unschuldige Sowjetbürger hingemetzelt, kocht seine Wut über: Die Opfer von Babij Jar seien nicht umgebracht worden, weil sie Ukrainer oder Kommunisten gewesen seien, zischt er die Regierungsvertreter an, sondern einzig und allein als Angehörige der jüdischen „Rasse"! Und wieviele Ukrainer damals ihre Tür geöffnet hätten, um ein Kind oder eine kranke Frau vor dem Tod zu retten?

Er fährt nach Rumänien, auf Einladung des dortigen Oberrabbiners, und weist den Staatspräsidenten Iliescu auf die antisemitische Hetze auflagenstarker Wochenzeitungen hin – vergeblich, der Präsident braucht offenbar die Gefolgschaft der rechten Rassisten.

Er besucht Österreich (das er während der Präsidentschaft des einstigen Wehrmachtssoldaten Kurt Waldheim demonstrativ gemieden hat), läßt sich über die wachsende Zahl der Antisemiten im Land und das fremdenfeindliche Programm des „faschistisch angehauchten" (Wiesel) Jörg Haider informieren, erhält Morddrohungen – und spricht auf dem Wiener Heldenplatz zu einer riesigen Menge junger Menschen. Von jenem Balkon aus, auf dem Adolf Hitler einst „vor der deutschen Geschichte" den Eintritt seiner österreichischen Heimat in das Dritte Reich verkündete. Daran erinnert jetzt ein junggebliebener Jude aus Amerika die rund 60 000 jungen Österreicher, die hier zusammen mit Liedermachern und Rockmusikern gegen den wiederauflebenden Faschismus in der Alpenrepublik demonstrieren: „Damals, 1938, folgten Ihre Eltern und Großeltern willig Hitlers Lektionen und sahen gleichgültig oder begeistert auf diese Juden, die man zwang, mit Zahnbürsten die Gehwege zu putzen, darunter auch den Vater meiner Frau, die aus Wien stammt. (...) Es ist an Ihnen, ein neues Kapitel aufzuschlagen. Machen Sie den Anfang, doch radieren Sie die vorausgegangene Geschichte nicht aus, gehen Sie der Zukunft entgegen, doch töten Sie nicht die Erinnerung an die Vergangenheit, lernen Sie, mit der Wahrheit zu leben!"

Nicht immer sind Wiesels Friedensmissionen erfolgreich. 1992 schreibt der Präsident des seltsamen Rumpfgebildes, das sich Bundesrepublik Jugoslawien nennt, Dobrica Cosic, an den Generalsekretär der Vereinten Nationen und schlägt eine internationale Untersuchungskommission vor, um die oft kritisierten Haftbedingungen bosnischer Kriegsgefangener in den serbischen Lagern zu überprüfen. An die Spitze der Kommission wird auf Wunsch des verhältnismäßig gutwilligen, später von Slobodan Milosevic abgelösten Cosic Elie Wiesel berufen.

Die Aktion steht unter keinem guten Stern: Bei der Vorbereitungskonferenz in London leugnen alle Verantwortlichen – Cosic, Milosevic aus Serbien, Karadjic als Führer der bosnischen Serben; der Kroate Tudjman darf als Autor eines antisemitischen, den Holocaust leugnenden Machwerks auf Verlangen Wiesels nicht teilnehmen – die Greueltaten. Fälschungen der Medien. Einige bedauernswerte Zwischenfälle, vielleicht. Als man die

Kommission endlich ein Lager besichtigen läßt, Maniaca in Serbien mit 3000 Insassen, hat das schreckliche Folgen: Das Lager wird zwar geschlossen, um vorteilhafte internationale Schlagzeilen zu bekommen, aber nur 2500 Gefangene werden den Vertretern des Roten Kreuzes übergeben, wie vereinbart, die übrigen verschwinden spurlos. Die Gruppe aus dem Krankenrevier, mit der sich die Kommission unterhalten hat, wird zur Strafe in ein erheblich härteres Lager verlegt.

Was soll man tun? Wiesel spricht mit Radovan Karadjic, fragt ihn, warum er – der sich als schöngeistiger Schriftsteller feiern läßt – die wunderbare Bibliothek von Sarajevo habe in Brand schießen lassen. Karadjic läuft rot an, die Muslime hätten den Brand doch selbst gelegt, um ihm die Schuld zuschieben zu können. Es gibt keine Brücke, keinen Boden für eine menschliche Zukunft, kein Interesse an einem wirklichen Frieden. Für Wiesel ist das unbegreiflich: Mehr als fünf Jahrhunderte haben Christen, Juden und Muslime in Sarajevo einträchtig und in gegenseitigem Respekt zusammengelebt.

Die Geschichte wiederholt sich: 1995, als Sarajevo und Bosnien endgültig verloren scheinen, bemerkt Wiesel bitter, wie schon 1938 die Tschechoslowakei, so hätten die Großen der Welt erneut eine Nation verraten, deren Unabhängigkeit sie zuvor auf internationaler Ebene feierlich anerkannt hätten. Ein schwacher Trost, daß der von der Kommission vorgeschlagene internationale Gerichtshof zum Schutz der Menschenrechte mittlerweile geschaffen worden ist, daß die Leichen in den Massengräbern gefunden und Haftbefehle gegen Kriegsverbrecher wie Karadjic ausgestellt wurden. Macht das die Opfer lebendig und die Hinterbliebenen froh? „Das dritte Jahrtausend naht, und wir werden es ängstlich begrüßen. Überall fließt Blut, und die Welt ändert sich nicht."

Niederlagen, Mißerfolge, deprimierende Erfahrungen der eigenen Grenzen: In Tel Aviv soll Wiesel ein von israelischen Psychiatern organisiertes Kolloquium zum Thema Völkermord leiten. Wissenschaftler aus mehreren Kontinenten werden teilnehmen, auch Armenier. Die türkische Regierung bekommt Wind von der Sache: Was, wenn die Armenier von den Massakern berichten sollten, die türkische Militäreinheiten an ihren Eltern und Großeltern verübt haben? Plötzlich bekommt Wiesel Anrufe hoher israelischer Regierungsstellen: Die Einladungen an die Armenier seien zurückzuziehen. Wiesel weigert sich, der Druck wird stärker: Die Beziehungen zwischen Israel und der Türkei könnten sich ernsthaft trüben, und das hätte schlimme Folgen für die Juden in der Türkei – wie ihm Abgesandte aus Istanbul bestätigen – und in etlichen arabischen Ländern. Wiesel zieht sich aus der Affäre, indem er den Vorsitz des Kolloquiums abgibt; viele der eingeladenen Wissenschaftler bleiben dem Treffen aus Protest fern. Doch jeder weiß, daß das keine Lösung ist.

„Mein Freund, der Kardinal"

Persönlich am tiefsten getroffen hat ihn vielleicht das enttäuschende Verhalten von Frankreichs Staatspräsident François Mitterand, der sein enger Freund gewesen war. Wiesel bewunderte die profunde Bildung des aristokratisch auftretenden Sozialisten, sein Engagement für die Menschenrechte (das er mit seiner eleganten Frau Danielle teilte), sein Interesse für das Judentum und die Welt des Heiligen, obwohl er sich immer als Agnostiker bezeichnete. Da wurde 1994 bekannt, daß der scheinbar über jeden Verdacht erhabene Staatsmann während all der Jahrzehnte seine Nähe zu der mit den deutschen Besatzern kollaborierenden Vichy-Regierung verschleiert hatte, seine guten Beziehungen zu rechtsextremen Geheimbündlern – und seine Freundschaft mit dem schrecklichen René Bousquet, dem ständig von SS und Gestapo umgebenen Polizeichef, der sehr effizient die Deportation der französischen Juden organisiert hatte.

Wiesel baute dem Gefährten goldene Brücken. Er lehnte jede öffentliche Äußerung ab, bevor er nicht mit Mitterand selbst gesprochen hätte. Er verpackte seine schmerzlichen Fragen an den Freund in ein Verständnis, das ihm sonst fremd war und bitter schwer fiel: Gut, wenn es sich um Dummheiten eines jungen Menschen gehandelt haben sollte ... Warum nicht vor der Öffentlichkeit zugeben, daß er sich damals geirrt habe? „Selbst Gott gibt zu, daß er sich getäuscht hat." Doch Mitterand, bereits von seiner tödlichen Krebserkrankung gezeichnet, wich aus, spielte alle Verwicklungen herunter.

Wiesel mochte die Freundschaft, die ihm soviel bedeutete, nicht so einfach zerbrechen lassen. Er schlug dem Präsidenten ein weiteres klärendes Gespräch vor, das man anschließend veröffentlichen könne. Mitterand willigte ein, bat ihn, die Fragen vorher lesen zu dürfen. Doch auf diese Liste hat Wiesel nie eine Antwort erhalten. Das Gespräch war beendet, für immer. Zwei Jahre später erhielt er die Nachricht von Mitterrands Tod. In einem Nachruf für *Paris Match* schrieb er nur Gutes über ihn.

Erfreulicher gestaltete sich Wiesels Freundschaft mit Kardinal Jean-Marie Lustiger, dem Erzbischof von Paris. Mit einem Kardinal? Die französischen Fernsehzuschauer trauten ihren Augen und Ohren nicht, als sich die beiden in einem TV-Gespräch plötzlich duzten; Lustiger hatte dem Freund das Du angeboten und darauf beharrt, als Wiesel verlegen ablehnen wollte.

Den Aufstieg des zum Katholizismus konvertierten polnischen Juden Aaron Lustiger zum Kirchenfürsten und umschwärmten Liebling der Medien hatte Wiesel nicht ohne Mißtrauen verfolgt: Daß der Katholik „ohne irgendwelche Komplexe" zu seinem Judentum stand, schien ihm eher verwirrend. „Kann man gleichzeitig Jude und Christ sein?" fragte er zweifelnd. „Kann man dem jüdischen Volk weiter angehören, wenn man sich für eine andere Religion entschieden hat?"

Wiesel bat den Erzbischof um ein Interview – und wurde zu einem persönlichen Gespräch eingeladen. Nein, keine Presseveröffentlichung, aber Lustiger würde gern seine Bekanntschaft machen! Die erste Begegnung war nicht spannungsfrei: „Sind Sie eigentlich unser Abgesandter bei den Christen oder ihr Abgesandter bei uns?" wollte Wiesel etwas schroff wissen. Und was Lustigers Großvater beim Anblick des silbernen Kreuzes auf der Brust seines Enkels gesagt hätte?

Denn das Kreuz, für Christen Zeichen einer kompromißlosen Liebe und des Sterbens für die Freunde, ist für die Juden allzu oft das Erkennungsmerkmal ihrer Peiniger und Mörder gewesen. Als Kind wechselte Elie scheu die Straßenseite, wenn er an einer Kirche vorbeikam. Gebärdeten sich nicht große Teile der Kirchen im Dritten Reich als Komplizen der Nazi-Herrschaft? Gingen die „praktizierenden Katholiken" unter den SS-Männern in Auschwitz nicht brav zur Beichte? „Sind die Meister des Todes im 20. Jahrhundert nicht alle, oder fast alle, im Schoß der Kirche geboren und von ihr getauft worden?" Gewiß, auch Christen seien von den Nazis verfolgt worden, und Christen hätten sich geopfert, um Juden zu retten. „Aber es waren so wenige!"

Der gekreuzigte Jude Jesus aus Nazaret, ist er nicht für alle Menschen gestorben? Für Christen klingt es ernüchternd, wenn im *Bettler von Jerusalem* der Jude Schlomo bitter zum Gekreuzigten sagt: „Du glaubst, für mich und meine Brüder zu leiden, während wir für dich und wegen dir leiden werden." Und Jesus bricht in Tränen aus.

Lustiger sei etwas rot geworden, berichtet Wiesel. Aber er habe sich nicht provozieren lassen, sondern von seiner Kindheit erzählt, von seiner in Auschwitz umgebrachten Mutter, von seinen Fragen an Gott. Er stehe zu seinen jüdischen Wurzeln – und zu seinem christlichen Glauben. „Irgend etwas an ihm berührt mich zutiefst", wird sich Wiesel später erinnern. Vielleicht seine unbedingte Lauterkeit.

Elie und Aaron, die beiden Kinder Israels, die denselben Gott auf völlig unterschiedlichen Wegen suchen, wurden Freunde. Sie traten zusammen auf, wenn es um die Menschenrechte ging. Sie warben beide um eine sensible Toleranz. Wiesel: „Je mehr wir Jude sind, desto mehr haben wir dem anderen zu bieten. Dasselbe gilt für Christen und Muslime. Nur in Übereinstimmung mit sich selbst können unterschiedliche Menschen sich wahrhaftig austauschen. Weil er anders ist als ich, kann mein Gegenüber mich bereichern. Weil ein Christ christlich ist, kann er mir helfen, ihn zu verstehen und vielleicht auch mich selbst zu verstehen."

Die Menschheit werde auch nach dem Erscheinen des Messias nicht komplett und ausschließlich jüdisch sein, versichert Wiesel nicht ohne Lust an der Provokation. „In jener Zeit werden die Menschen einfach nur menschlicher sein, sie werden untereinander großzügiger und toleranter, also wahrhaftiger sein."

Geschichten gegen die Bitterkeit

Im Grunde erzählt Wiesel immer wieder die tausend Geschichten der Talmudlehrer und Chassidim neu, die soviel Weisheit enthalten und alle zeitlosen Fragen des menschlichen Herzens. Geschichten von Leid und Güte, von einem nicht immer gerechten Gott und einer mutigen Freude gegen allen traurigen Augenschein.

Die Chassidim: jene Mystiker des frühen 18. Jahrhunderts, die sich aus dem niedergetretenen, enttäuschten, unter Pogromen und Hunger leidenden polnischen und litauischen Judentum erhoben und ihren elenden Gefährten Hoffnung und Träume brachten. Sie sangen dem Schöpfer zärtliche Liebeslieder und wurden sich seiner Nähe bewußt, wenn sie Freundschaft pflegten und miteinander tanzten. Die Chassidim: begeisterte Ekstase aus Freude an Gott, aber auch eine realistische Weltfrömmigkeit, die Gottes Herrlichkeit im ganz normalen Alltag entdeckte. Die entwurzelten Juden in den Dörfern Osteuropas begriffen plötzlich, daß sie in ihren Lumpen etwas wert waren und in ihrem Glauben einen Schatz besaßen.

Die Chassidim: Lebensweisheit, die nicht in der frommen Idylle gewachsen war, sondern aus Verfolgung und unsagbarem Leid stammte. Sie hatten erfahren, daß sich Angst und Glaube nicht auszuschließen brauchen, daß Melancholie und Lachen nahe beieinander wohnen und Gott in der menschlichen Verzweiflung anwesend ist. Die Nachfahren dieser Mystiker sah Elie noch im Deportationszug nach Auschwitz tanzen und singen, denn auf dem Kalender stand *Simchat Torah*, das Fest der Torahfreude, und das ließ man sich von keinem Henker verbieten. Sie betraten die Gaskammer ohne Furcht, mit dem Lied des Maimonides auf den Lippen: „Ich glaube, auch wenn der Messias zögert zu kommen"!

Aber Chassidim waren es auch, die in Auschwitz zu einem Gericht über Gott zusammentraten und den zum Mord an seinen Kindern schweigenden Schöpfer nach rabbinischem Brauch und Gesetz schuldig sprachen.

Niemand freute sich so unbändig an Gottes Nähe wie die Chassidim. Und niemand litt so unter dem verschlossenen Himmel wie sie. Denn das Zentrum ihrer Frömmigkeit war die Liebe zu den Menschen. „Wenn ich in die Hölle gelangt bin", versprach Rabbi Mosche Löb im ukrainischen Sassow, „dann werde ich sie nicht eher wieder verlassen, bis ich alle ihre Insassen bis zum letzten Mann mitnehmen kann". An Theologie habe Gott eigentlich nicht viel Interesse, bemerkte Wiesel einmal in einer Vorlesung und ließ ihn zum Menschen sagen: „Ich kann mich um meine eigenen Gedanken, Bilder und Träume kümmern – kümmere du dich um meine Schöpfung!"

Jemand wie Wiesel mußte diese Männer einfach lieben und ihre mitreißenden Geschichten gegen Verbitterung und Apathie ein ums andere Mal erzählen: Vom menschenfreundlichen Glauben des Rabbi Pinchas von Koretz, der seinen Schülern den Rat gab: „Wenn du Gott dienen willst, fange an, seinen Kindern zu dienen!", und die Überzeugung vertrat, wenn alle Juden ihren Nächsten wirklich liebten, werde im selben Augenblick der Messias kommen. Von der spontanen Güte des bereits genannten Rabbi Mosche Löb, der seine Gemeinde am hohen Feiertag *Jom Kippur* stundenlang warten ließ, weil er auf dem Weg zur Synagoge ein kleines Kind weinen hörte und es mit Wiegenliedern in den Schlaf sang.

Von der scheinbaren Naivität des Rabbi Meir von Przemyslany, bei dem sich ein Geschäftsmann über einen Konkurrenten beschwerte, der dreisterweise unmittelbar neben seinem Laden ein Geschäft eröffnet hatte. Er solle einmal ein Pferd beobachten, riet Meir dem Aufgeregten, das auf einer Waldlichtung aus einem Tümpel saufe und dabei mit den Hufen scharre. „Und warum tut es das? Weil es seinen Schatten oder sein Bild im Wasser sieht und sich sagt: Was, hier gibt's noch ein anderes Pferd? Und will es verjagen." Doch durch das Scharren wühle es nur den Schmutz im Tümpel auf und das Wasser werde ungenießbar. „Hör also auf, mit dem Fuß zu scharren. Trinke und lasse jeden trinken, der Durst hat. Es gibt genug Wasser für alle Pferde dieser Welt."

Von der Demut des Rabbi Wolf von Sbarasch, dessen Frau vor dem rabbinischen Gericht das Dienstmädchen verklagte, das einen Teller zerbrochen hatte – und dort erstaunt ihren Mann vorfand: „Ich komme schon allein zurecht", lehnte sie seine Hilfe ab. „Du schon", entgegnete der Gute, „aber sie nicht. Du bist die Frau eines Rabbiners, sie ist nur ein armes Dienstmädchen; sie braucht jemanden, der ihr rät und beisteht." Ein anderes Mal war er zu einem Beschneidungsfest geladen, mitten im frostigen Winter. Als alle feierten und tanzten, schlich er sich in den Hof und sagte seinem Kutscher, er solle sich aufwärmen und etwas essen. Um das Pferd werde er sich schon kümmern. Der Kutscher wollte das nicht zulassen, das sei eines Talmudgelehrten nicht würdig. Empört antwortete der Rabbi Wolf: „Nicht würdig? Wenn der Schöpfer der Welt über die Pferde wacht, warum sollte ich es dann nicht tun? Bin ich etwa vornehmer als er?"

Von der Weisheit des Meisters von Apta, dem ein vom Schicksal geschlagener Freund sein Elend klagte. „Gott wird dir helfen", tröstete ihn der Rabbi. „Gut und schön", lachte der Pechvogel bitter, „aber was ist in der Wartezeit?" – „Gott wird dir beim Warten helfen", entgegnete der Rabbi.

Von der zärtlichen Gottesliebe des Reb Baruch von Miedzyborz, dessen Enkel Jechiel in Tränen aufgelöst in

seine Lehrstube gerannt kam: Sie hätten Verstecken gespielt und sein Freund habe einfach aufgehört, ihn zu suchen, das sei so ungerecht! Reb Baruch streichelte das Gesicht des Kleinen, er begann selbst zu weinen und
flüsterte leise: „So ist es auch mit Gott, Jechiel. Stell dir
seinen Schmerz vor, er hat sich versteckt und die Menschen suchen ihn nicht. Verstehst du, Jechiel? Gott versteckt sich, und der Mensch sucht ihn nicht einmal."

Ein Angebot von Chagall

Es ist die sogenannte Wizsnitzer Schule des Rabbi Men-
dele Hager, die Wiesel entscheidend geprägt hat, und gewiß würde er sich als späten Nachfahren der chassidischen Lehrer bezeichnen, wäre er nicht zu bescheiden
dazu. Er hat hervorragende Bücher zur Einführung in die
chassidische Lehre geschrieben (*Chassidische Feier, Geschichten gegen die Melancholie, Was die Tore des Himmels öffnet*, um einige Titel deutscher Übersetzungen zu
zitieren), Bücher, die dem großen Marc Chagall so gefie-
len, daß er Wiesel den Wunsch übermitteln ließ, gemeinsam mit ihm ein verschwenderisch illustriertes Buch
über die großen Meister und ihre Schüler herauszubrin-
gen. Wiesel weiß heute noch nicht so recht, warum er damals zögerte: „Weil ich dumm war!"

Siebzehn Jahre lang ist er mindestens zweimal pro Woche zu Saul Lieberman gepilgert, um stundenlang zusammen mit ihm zu studieren. Lieberman unterrichtete am
New Yorker *Jewish Theological Seminary*; Wiesel hält
ihn für den größten zeitgenössischen Talmudlehrer. Ihre
letzte gemeinsame Studierstunde hatten sie in der Nacht
vor Liebermans Tod, und Wiesel fiel auf, daß der Schreibtisch des alten Professors zum ersten Mal, seit er ihn

kannte, säuberlich aufgeräumt war: „Die Gerechten, sagt der Talmud, gehen ihrer Zeit voraus; damit sie sich vorbereiten können."

Der Talmud: lebendige Offenbarung. Nach jüdischer Anschauung ist mit der Fertigstellung der Bibel das Gespräch zwischen Gott und den Menschen keineswegs abgeschlossen. An die Seite der schriftlich vorliegenden biblischen Botschaft tritt die mündliche Überlieferung der Rabbinen, tritt ein ständiger Diskurs über die Bibel, ihre Kommentierung und aktuelle Interpretation, die nach Jahrhunderten schließlich in ein neues umfangreiches Schriftwerk mündet: den Talmud.

Beide Überlieferungsstränge – die Bibel und ihre Auslegung – werden als gleichrangig betrachtet, wie es in einem der ältesten Stücke des Talmud heißt: „Mose hat die Torah auf dem Sinai empfangen und sie Josua überliefert und Josua den Ältesten und die Ältesten den Propheten, und die Propheten haben sie den Männern der großen Versammlung überliefert. Diese sprachen drei Dinge aus: Seid vorsichtig beim Richtspruch, sammelt viele Schüler um euch und macht einen Zaun um die Torah."

Dieser Zaun, der einen leichtfertigen Umgang mit dem Wort Gottes verhindern soll, ist die mündliche Überlieferung, Botschaft vom Himmel wie die Bibel selbst. Die Interpretation schwer verständlicher Schriftworte wird nicht *erfunden*, sondern in der mündlichen Überlieferung *gefunden*. Der Kommentar macht den Sinn der Schrift erst transparent, und weil Gott sein Volk nicht mit unverständlichen Weisungen allein lassen wollte, stammt auch der Kommentar unmittelbar von ihm. Die Torah gehöre Gott nicht mehr, weil er sie den Menschen geschenkt habe, sagen die Rabbinen in ihrer Vorliebe für freche, überspitzte Formulierungen.

In der jüdischen Schriftauslegung geht es weniger um

historisch-kritische Methodik, sondern eher um existentielle Fragen, weniger um die Rekonstruktion einer ursprünglichen Textgestalt als um die Orientierung und Lebenskraft, die ich hier und heute aus so einem Text zu gewinnen vermag. Und es geht auch nie um eine letztgültige Auslegung, die einem Dogma vergleichbar wäre; bei den Juden haben immer verschiedene Deutungen ihr Recht, man ringt leidenschaftlich um die besten Argumente, respektiert am Ende aber auch die andere Meinung, denn die Wahrheit kennt Gott allein. Der Mensch kann sich ihr immer nur nähern.

Von Wiesels Beiträgen zur Schriftkommentierung wurde sein Buch *Célébration talmudique* (deutsch: *Die Weisheit des Talmud*) mit ausgewählten Auslegungen und Portraits berühmter Lehrer am bekanntesten. Ganz unorthodox seine Sicht der uralten Rivalität zwischen den Schulen des Schammai und des Hillel, die zur Zeit Herodes des Großen lebten und gemeinhin als Exponenten eines menschenfreundlichen, toleranten, demütigen Glaubens (Hillel) beziehungsweise einer eher strengen, an ewigen Wahrheiten orientierten Interpretation (Schammai) gelten.

Wiesel entlarvt die dahinter stehenden Klischees, so einfach sei die Sache nicht gewesen, und vor allem gesteht er beiden Sichtweisen ihr Recht zu: Wichtig sei nicht nur eine situationsangepaßte, menschlichen Schwächen gegenüber barmherzige Moral, sondern auch die Leidenschaft für die Wahrheit, die Ablehnung eines gefährlichen Gefälligkeitsdenkens, eines „Liberalismus ohne Maß und Ziel". Wiesel: „Sicher ist Hillel der bessere und ökumenischere Pädagoge, aber Schammais Offenheit und Strenge fasziniert uns. (...) Schammai verteidigt das Absolute, und wir sind ihm dankbar dafür; aber Hillel verteidigt hilflose menschliche Wesen, und dafür sind wir ihm noch mehr dankbar (...) Schammai müssen wir bewundern, Hillel lieben."

Wiesel erzählt von Rabbi Jochanan ben Zakkai, der ein Jahrhundert später für die Armen und Entrechteten kämpfte und Ehesachen ausgesprochen frauenfreundlich zu entscheiden pflegte. Als die Römer den Tempel zerstörten, zerrissen seine Freunde ihre Kleider und klagten über die Verwüstung an dem Ort, wo Israels Sünden Verzeihung gefunden hätten. Rabbi Jochanan tröstete sie: „Jetzt besitzen wir ein anderes Mittel, um Verzeihung für unsere Sünden zu erlangen. Das sind die guten Werke."

Er berichtet von Rabbi Akiba ben Joseph, der sogar während seiner dreijährigen Inhaftierung durch die Römer nicht aufhörte zu lehren: Unter den Fenstern des Gefängnisses schlenderten seine Schüler auf und ab und schrien wie fliegende Händler vor sich hin, um die Wächter zu täuschen: „Kauft Nadeln, wer braucht Nadeln? Wie lautet die Vorschrift auf diesem oder jenem Gebiet?" Und der Meister antwortete aus der Zelle, als ob er sich ein Liedchen sänge.

Auch eine Frau kommt in diesen Geschichten vor, eine enorm glaubensstarke Jüdin mit eigenem Kopf, Brurja, die Frau des Rabbi Meir, gefürchtet als Diskussionspartnerin. Am Schabbat starben plötzlich ihre beiden Söhne kurz nacheinander. Als ihr Mann von der Synagoge heimkehrte, reichte sie ihm ein Glas Wein und verwickelte ihn, um ihm einen Nervenzusammenbruch zu ersparen, in ein abstraktes Gespräch: Vor einiger Zeit habe ihr jemand einen kostbaren Schatz anvertraut und jetzt fordere er ihn zurück; ob sie ihn zurückgeben müsse? Natürlich, antwortete Meir. Da führte sie ihn an das Totenbett der Söhne und sagte leise zu ihrem Mann: „Du darfst nicht weinen; hast du mir nicht gerade gesagt, daß wir zurückgeben müssen, was uns nicht gehört?"

Kain und Abel sind wir selbst

Kluge Leute haben oft darauf hingewiesen, daß das Judentum keine Mythologie im landläufigen Sinn kennt, keine Symbolfiguren wie Zeus oder Wotan, die nur in den Köpfen leben. Stattdessen eine Fülle vitaler Gestalten voll menschlicher Leidenschaften und Verirrungen, die einerseits wirklich existiert haben und zum andern uns heute nach Jahrtausenden noch wie Zeitgenossen erscheinen. Für die Juden ist die Wahrheit kein Lehrsatz, sondern etwas Lebendiges.

Deshalb geht es stets um *unsere* Probleme, *unsere* Sehnsüchte und Ängste, wenn Wiesel die großen Dramen und kleinen Komödien der hebräischen Bibel nachzeichnet. Der Mensch habe mehr als ein Gesicht, sagt Wiesel, „sein eigenes und das Adams", und ein Jude sei überhaupt ein „Sammelbecken" von Erfahrungen. „Alles, was seine Vorfahren getroffen hat, betrifft ihn, ihre Leiden drücken ihn nieder, ihre Triumphe tragen ihn (...) Ihr Verhalten prägt sein eigenes und wiegt schwer bei seinen Entscheidungen." Kain und Abel, Abraham und Isaak: „Erst heute, nach dem Malstrom von Feuer und Blut des Holocaust, begreift man die Ermordung eines Menschen durch seinen Bruder, die Fragen eines Vaters und sein verstörtes Schweigen."

Gestalten wie Kain oder Ijob gehörten zur „verwüsteten Landschaft unserer Seele", in Kreuzzügen und Katastrophen führe jedesmal Abraham seinen Sohn erneut zum Opferaltar, Adams Frage nach dem Sinn, seine Sehnsucht nach dem verlorenen Paradies stecke in jedem Menschen, und das Handeln der biblischen Figuren bilde unser eigenes Verhalten in extremen Situationen ab.

Im Grunde sind es immer Geschichten vom Kampf des Menschen mit Gott. Nach der jüdischen Tradition verbietet er seinen Kindern weder die kritischen Fragen noch das verzweifelte Hadern; ganz im Gegenteil, er liebt es sogar, wenn sie ihn mit theologischen Argumenten oder ganz einfach durch die Hartnäckigkeit ihres Bittens überwinden und barmherzig stimmen. Als Rabbi Joschua zu beweisen versuchte, daß sich die Torah nicht mehr im Himmel befinde und deshalb Mehrheitsentscheidungen das Hören auf himmlische Stimmen ersetzen sollten, begann Gott zu lachen und stellte beifällig fest: „*Nitzchuni banai*, meine Söhne haben mich besiegt!"

Hätte Gott sein Werk der Menschenschöpfung sonst mit dieser fleischgewordenen Frage begonnen, die Adam heißt? Adam, der armselige, willensschwache Tropf, der in alle Fallen hineintappt und in dem wir uns alle wiedererkennen, Adam, scheinbar Gottes erster grandioser Mißerfolg – und dann doch eine Hoffnungsfigur wie seine Gefährtin Eva: Sie werden mit dem Tod konfrontiert, aber sie resignieren nicht, sondern bekämpfen ihn dadurch, daß sie das Leben weitergeben und beginnen, die Welt zu gestalten, der Zukunft ein menschliches Gesicht zu geben.

Und die bedrückende Geschichte von Kain und Abel: Tragen wir sie nicht beide in uns, den naiven Träumer Abel, der über heilige Dinge nachsinnt und Gott ein schönes Opfer bereitet, statt seinen schwerblütig-depressiven Bruder zu trösten, und Kain, der vielleicht aus Verzweiflung gemordet hat, aus Enttäuschung über die mitleidlose Vertreibung seiner Eltern aus dem Paradies? Hat er Gott durch seine Tat drastisch klar machen wollen, wohin es führt, wenn dieser seine Schöpfung nicht mehr liebt?

Wiesel: „Er tötete seinen Bruder, um den nur duldenden und passiven Menschen auszulöschen. Er konnte nicht leben, als ob nichts geschehen wäre. Er weigerte sich, wie Abel zu werden, der von der Schmach, die seine Eltern erlitten hatten, absah. (...) Kain tötet seinen Bruder – die Hälfte des Menschengeschlechts – desillusioniert und vielleicht aus Liebe. Er weint über die Menschen und über sich selbst. Sein Ziel? Die Schöpfung zerstören und mit den Wurzeln ausreißen. (...) Jeder Mord ist ein Selbstmord (...)."

Vielleicht ist es ein Irrtum zu meinen, Glauben bedeute die Generalabsolution für Gott: Mag er hart und grausam scheinen, er wird schon alles recht machen. Vielleicht heißt Glauben auch, ihn hartnäckig zu bedrängen wie ein Kind, das sich von seinen Eltern geliebt weiß und einfach nicht begreift, warum sie sich dann manchmal so unfair verhalten. Vielleicht gehört zum vertrauten Umgang mit Gott der Mut, ihm bohrende Fragen zu stellen und bittere Vorwürfe zu machen. Wenn das so ist, dann ist Elie Wiesel ein exemplarisch Glaubender.

Warum hat Abraham nicht sofort protestiert, als ihm Gott zumutete, seinen Sohn zu schlachten? Wußte er nicht, daß Gott sich nach jüdischer Tradition an sein eigenes Gesetz zu halten hat, auch an das wichtigste von allen: „Du sollst nicht töten"? Wiesel, ein Querdenker wie alle guten Talmudgelehrten, kann sich die Geschichte nur so erklären, daß Abraham Gott herausfordern wollte: „Wir werden sehen, ob du bis zum Äußersten gehst!" Und Gott habe tatsächlich nachgegeben.

„Ich begriff keine der drei handelnden Personen", gesteht Wiesel, der Schrifterklärer, verwirrt. „Warum hatte Gott, der ein barmherziger Vater sein will, von Abraham verlangt, Unmenschliches zu wählen? Und warum hatte Abraham es akzeptiert? Und Isaak, warum zeigte er eine derartige Unterwürfigkeit? (...) Wenn der Glaube an Gott die Verleugnung des eigenen Ichs erfordert, wie kann der

Glaube dann behaupten, den Menschen zu erziehen und zu verbessern?"

Oder war es doch so, daß Gott und Abraham wie zwei Gleichberechtigte miteinander stritten, in „Dialogen hart wie Stein", während die ganze Schöpfung den Atem anhielt? „Wenn nun Gott und er, so fragen sich unsere Weisen, sich so sehr liebten, und wenn sie so eng zusammenarbeiteten, wozu dann die Prüfungen und Qualen? Weil Gott sie den Starken abverlangt, die Schwachen halten nichts aus oder nur wenig, deshalb sind sie uninteressant."

Und Jeremia, der Prophet, der hartnäckig danach fragt, warum Frevler glücklich sind und Gerechte leiden müssen, und nie bereit ist, Gottes Antworten zu akzeptieren, sondern ihm sofort seinen Einspruch entgegenschleudert? Und Ijob, der den in seinen Heimsuchungen so gefühllosen, ungerechten Gott vor den Richterstuhl des sinnlos geschundenen Menschen fordert und von eben diesem Gott gegen die geschwätzige Theologie seiner selbstgefälligen, alles sauber erklärenden Freunde verteidigt wird?

Der Bibelinterpret Wiesel glaubt Ijob seine allzu flinke Kapitulation nicht (wie übrigens viele Experten, die das glückliche Ende für eine nachträgliche Glättung halten). Der wirkliche Ijob hätte nicht so schnell aufgegeben, behauptet er. Er hätte Gott allenfalls die eigenen Leiden verzeihen können, nicht aber seine getöteten Kinder. „Er hätte nicht so schnell nachgeben dürfen. Er hätte mit seinem Protest nicht aufhören dürfen und die Trinkgelder zurückweisen müssen. Er hätte zu Gott sagen müssen: (...) ‚Wenn ich deine Ungerechtigkeiten offiziell anerkennen würde, würde ich dann nicht dein Komplize werden? Ich muß zwischen dir und meinen Kindern wählen und weigere mich, sie zu verstoßen. Ich fordere, wenn nicht für mich, so doch für sie, daß Gerechtigkeit geschehe und der Prozeß weitergeht ...'

Deshalb vermutet Wiesel, Ijob habe seine frommen Bekenntnisse nur gespielt, um den Gegner zu täuschen und Gott schließlich mit einem bitteren Lachen um seine Glaubwürdigkeit zu bringen. Der Prozeß geht weiter. Wir verdanken Ijob eine atemberaubende Erkenntnis: „daß es dem Menschen gegeben ist, die göttliche Ungerechtigkeit in menschliche Gerechtigkeit zu verwandeln".

V
ABEND:

Ein Gläubiger klagt Gott des Mordes an

*„Warum will Gott so sehr, daß wir auf
dem härtesten Weg zu ihm kommen!"*

„Er hat nie den Nacken gebeugt", sagt Elie Wiesel über
Ijob, das rebellische Opfer aus biblischen Zeiten. Es
klingt wie ein Selbstportrait.

Wie ein moderner Ijob macht Wiesel dem Weltenschöpfer, der Auschwitz nicht verhindert hat, den Prozeß. Er zweifelt nicht an seiner Existenz – die *Gott-ist-
tot-Theologie* ist alles andere als jüdisch und nicht in den
KZs entstanden –, aber an seiner Kraft und Güte. Als
seine Kinder gefoltert und verbrannt wurden, als man
ihre armen Körper zu Seife und Lampenschirmen verar-
beitete, mit ihren Haaren noch ein Geschäft machte, hat
er sich da nicht auch als ein so gleichgültiger Zuschauer
erwiesen wie der Zeuge mit den leeren Augen damals in
Sighet?

Es gibt Fragen, die können in den Wahnsinn treiben:
Wie konnte ein Kulturvolk Millionen Menschen ausrot-
ten, nur weil sie Juden waren? Wie konnte die übrige
Welt dazu schweigen? Wie kann man nach dieser Erfahrung weiter an die Kraft des Guten, an einen Lebenssinn,
an Gott glauben? „Warum Kinder in eine Welt setzen, in
der Gott und Mensch sich in ihrem gegenseitigen Vertrauen betrogen?"

Eine Antwort hat Wiesel bis heute nicht gefunden.
„Sobald man aufbricht, um zu begreifen, erreicht man die
Finsternis", zieht er nüchtern Bilanz. „Gott? Er bleibt der

Gott der Finsternis. Der Mensch? Eine Quelle der Dunkelheit. Das höhnische Lachen der Mörder, die Tränen der Opfer, die Gleichgültigkeit der Zuschauer, deren Komplizenschaft und Selbstzufriedenheit, die Rolle Gottes in all diesem Geschehen: Ich verstehe nicht. Eine Million dahingeschlachteter Kinder: Ich werde niemals verstehen."

Vor allem Gott, diesen Zuschauergott, könne sie nicht begreifen, klagt die Mutter des Erzählers im Roman *Der fünfte Sohn.* Worauf ihr Mann murmelnd erwidert: „Und wer sagt dir, daß Er, daß Gott es versteht?"

Am Anfang war das Gelächter

In den *Pforten des Waldes* führen Gregor, Symbolfigur der verfolgten Juden, und sein rätselhafter, aus weiter Ferne gekommener Freund Gabriel einen beklemmenden Dialog über den Tod der Hoffnung: Er glaube nicht mehr an das Kommen des Messias, stöhnt Gabriel, „er ist schon gekommen, und nichts hat sich geändert; (...) der Messias ist gekommen, und der Henker fährt mit seiner Arbeit fort. Der Messias ist gekommen, und die Welt ist geblieben, was sie war: ein ungeheurer Schlachthof." Und als Gregor nur schwerfällig den Kopf schüttelt und resigniert lächelt, schreit er ihn an: „Wenn das der Wille des Herrn ist, leugne ihn!"

Ein ganz anderer Dialog findet in den *Gezeiten des Schweigens* im Gefängnis statt, wo jüdischer Widerstand dadurch gebrochen wird, daß man den Häftling bis zur Bewußtlosigkeit stillstehen läßt. Wir erinnern uns: „Gebet" heißt diese Folter. Ob er während der Qualen die Stimme Gottes gehört habe, will der Jude Menachem, dessen von Schlägen gezeichnetes Gesicht dennoch schön wie das eines „byzantinischen Christus" ist, von innerem Feuer glühend, von seinem jungen Zellengenossen Michael wissen. Nein, wehrt Michael spöttisch ab, die Mauern seien wohl zu dick, oder Gott sei an jenem Tag zu beschäftigt gewesen. „Lästern Sie nicht Gott", erwidert Menachem in weltentrücktem Singsang. „Was wissen wir von Gott und dem Wahnsinn? (...) Unsere Kenntnis ist beschränkt, negativ. (...) Diese Prüfungen müssen einen Sinn haben. Aber mitunter sind sie so hart, daß ihr Sinn uns entgleitet."

Zwischen Lästern und glaubender Hingabe sucht Wiesel die Antwort, auf die der Mensch offenbar verzichten muß. Im Lager hat er sich das Hirn mit der Frage zermartert, wozu Gott den Menschen überhaupt geschaffen habe, wenn dies das Ergebnis sei. O ja, Gott sei auf die armselige Kreatur angewiesen, bäumt er sich in *La Nuit* auf: „Zur ewigen Einsamkeit verurteilt, hat er den Menschen einzig und allein gemacht, damit dieser ihm als Spielzeug diene und ihn zum Lachen bringe." Die Dichter und Philosophen hätten sich geirrt, am Anfang sei weder das Wort noch die Liebe gewesen, sondern das Gelächter.

Gott hat den Menschen nötig; und ist dieser Mensch nicht manchmal stärker und größer als Gott? Er gibt seine Kinder preis, läßt sie foltern, erwürgen, vergasen, einäschern – und sie, was tun sie? Sie beten ihn an und singen ihm die alten Loblieder, mit tonloser Stimme und zusammengebissenen Zähnen. Ist der Mensch nicht stärker als Gott, wenn er den Messias herbeizwingen kann, wie es eine bestimmte Tradition im Judentum behauptet?

Die Menschen seien nicht nur füreinander verantwortlich, sondern auch für Gott, präzisiert der Talmudgelehrte Wiesel in einem neuen Interview: „Nicht Gott entscheidet, wann der Messias kommt, sondern der

Mensch. Wenn wir die Welt so verändern, daß sie bereit und es wert ist, dann wird der Messias kommen. (...) Gott erschuf die Welt, und unsere Aufgabe ist es, sie wiederherzustellen und zu erlösen. Dies gibt dem einzelnen ein riesiges Maß an Verantwortung. Jeder, selbst der Bettler auf der Straße, der Portier, der Taxifahrer, kann das Kommen des Messias beschleunigen."

Aber ob der Einsame, der die Eltern oder die geliebte Frau in Auschwitz verlor, in seiner mystischen Macht über den Weltenschöpfer Trost finden mag? Die traditionellen Denkmuster, Leid erklärbar oder wenigstens erträglich zu machen, versagen vor dem Grauen der Schoah. Wieder ist es der deutsche Wiesel-Übersetzer und -Herausgeber Reinhold Boschki, der am gründlichsten untersucht hat, wie der Autor von der jahrhundertealten Weisheit der Rabbinerschulen und der ostjüdischen Chassidim zehrt – und wie entschlossen er sich von ihnen entfernt hat. Schritt für Schritt, in schmerzlichen Prozessen verläßt er den sicheren Boden der vorgeschriebenen stillen Ergebenheit, tastet sich vor zu radikalen Fragestellungen, entdeckt den Mut der Verzweiflung neu, der die Glaubensväter (und -mütter) der Bibel mit Gott hadern läßt, zitiert die gewohnten Tröstungen und führt sie ad absurdum, erzählt die alten Legenden und bricht ihre Pointen ab, experimentiert mit Bildern und Ideen, die er selbst gleich wieder umstürzt.

Die jüdische Geschichte ist immer ein Leidensweg gewesen, und der Holocaust kennt zwar keine Parallele, aber Vorahnungen: Am 3. September 1189, nach der Krönung von Richard Löwenherz zum englischen König, massakrierte das Volk von London die mit reichen Geschenken zur Westminster Abbey gezogenen Juden und steckte ihr Stadtviertel in Brand. Am 14. Februar 1349 errichteten die Bürger von Straßburg auf dem Judenfriedhof

160

ein riesiges Holzgerüst, trieben die rund 2000 in der Stadt wohnenden Juden – die sie beschuldigten, die Brunnen vergiftet und so die Pest nach Straßburg gebracht zu haben – hinauf und verbrannten sie erbarmungslos. Im März 1881 wurden die Juden in Kiew, Odessa und vielen anderen russischen Städten und Dörfern zu Tausenden erschlagen, ertränkt, totgetrampelt, nachdem Zar Alexander II. Nikolajewitsch einem Attentat von Anarchisten zum Opfer gefallen war.

Und auf all die Mordparolen, Zwangstaufen, Pogrome und Vernichtungsfeldzüge hatten die Torahlehrer immer dieselbe Antwort parat: Trotziges Festhalten am Glaubensbekenntnis und Ritus, unerschütterliches Vertrauen auf den Gott Israels, der sein Volk für seine Sünden strafen oder seine Treue auf die Probe stellen wollte. Gottes Gerechtigkeit wurde dabei so gut wie nie hinterfragt. Wenn das Leid unerträglich wurde, gab es immer noch die Möglichkeit, es zur *Hewle Maschiach* zu erklären, zu den Geburtswehen des Messias. Denn auf dem Höhepunkt der Trübsal, so war es prophezeit, würde der Retter erscheinen.

Der „Sinai der Finsternis"

An Wunder glaubt Elie Wiesel ohnehin nicht. „Denn sie bedeuten, daß Gott und seine Barmherzigkeit selektiv sind. Wenn Gott sich manchmal die Mühe gemacht hat, sein Volk zu retten, warum war er dann so sparsam mit seinen Eingriffen ins irdische Leben? Er hätte uns doch viel öfter helfen können."

Im verzweifelten Konflikt zwischen der Treue zum biblischen Befreiergott und der Erfahrung des tausendfachen Todes in den Lagern, zwischen dem Glauben an den Bund Gottes mit seinem Volk und dem elenden Schicksal Israels, das er nicht verhindert hat, stellt Wiesel seine Fragen mit einer bisher ungeahnten Schärfe: Vielleicht war Gott wirklich nicht da, als seine Kinder ihr Leben in den Gaskammern ausröchelten? Vielleicht hat er nicht nur geschwiegen und sein Gesicht verhüllt, aus irgendwelchen geheimnisvollen Motiven oder pädagogischen Gründen, wie die Theologen spekulieren, vielleicht hat er tatsächlich nichts gesehen und gehört? Vielleicht gibt es keinen Trost für die Hinterbliebenen und keine Erlösung für die Opfer, sondern lediglich eine tollkühne, riskante Trotzdem-Hoffnung?

Vielleicht, entsetzliches Gedankenspiel, vielleicht waren der tapfere Glaube der Juden und ihr unausrottbares Vertrauen in die gute Schöpfung und Gottes Spuren in den Menschen sogar die Ursache für das Massensterben? Boschki erinnert an die kaum bekannten einleitenden Sätze der jiddischen Urfassung von *La Nuit*, einen Text von fast zynischer Nüchternheit: *„In Onhoib is gewen di Emune, di narrische Emune ..."*

In Boschkis wortgetreuer Übertragung: „Im Anfang war der Glaube, ein verrückter Glaube; und das Vertrauen, ein naives Vertrauen; und die Illusion, eine gefährliche Illusion. Wir glaubten an Gott, hatten Vertrauen in den Menschen und lebten mit der Illusion, daß in jedem von uns ein heiliger Funke des Feuers der Schechina glimmt, daß jeder einzelne von uns in seinen Augen, in seiner Seele das Bild Gottes trägt. Das war die Quelle – wenn nicht die Ursache – all unserer Unglücke."

Atemberaubend, wie Elie Wiesel die heiligsten Begriffe jüdischen Glaubens ins Gegenteil verkehrt, indem er sie zitiert, wie er sie entleert und zerbricht, indem er sie ernst nimmt – und mit der gräßlichen Wirklichkeit konfrontiert. „Im Anfang", so beginnt auch der Schöpfungsbericht und mit ihm die ganze Torah. Ist die Schoah die „Anti-Schöpfung" und der „Anti-Sinai" (Boschki), die Bankrotterklärung der Absichten Gottes und das Ende seiner Wegweisung? Ein „neuer Sinai", ein „Sinai der Finsternis, der eine unbekannte, dunkle Botschaft offenbart" (Wiesel)?

Natürlich wird auch der sehnsüchtig erwartete Messias zum „Anti-Messias": Wenn das Leiden seinen Höhepunkt erreicht, steht nicht die Ankunft des Erlösers bevor, wie die Tradition behauptet, sondern der Tod aller Hoffnung. Massenerschießung in den *Pforten des Waldes,* alltägliches Ritual der deutschen Sonderkommandos in Rußland und auf dem Balkan: „Und die Soldaten drückten mit gelangweilten Mienen, ohne mit der Wimper zu zucken, auf den Abzug ihrer Maschinengewehre und dachten an nichts, nicht einmal an den Tod. Tak-tak-tak-tak. Und Hunderte von Herzen hörten auf, zu schlagen und der Zukunft entgegenzustreben, an deren Ende ein Messias, gleichviel welcher, sie empfangen sollte. Feuer! brüllten die Offiziere, und der Messias selber, vervielfacht mit tausend, mit tausend mal tausend, stürzte in das Grab."

Vielleicht hat es Gott nicht gesehen und gehört. Vielleicht ist sein marterndes Schweigen gar kein Zeichen von Gleichgültigkeit, sondern von Schwäche. Oder, furchtbarste aller Möglichkeiten, Gott hat die Front gewechselt. Der Befreier aus biblischen Zeiten, der sein Volk aus der ägyptischen Sklaverei geführt hat, auf der Seite der Henker?

Kein gläubiger Jude, dem bei einer solchen Vorstellung nicht das Herz still stände! Und doch drängt sich der Gedanke auf, er hat die in Auschwitz Geschundenen gequält und Elie damals an *Rosch-Haschanah,* dem jüdischen Neujahrstag, daran gehindert, Gott das Loblied zu singen:

„Warum, warum soll ich ihn preisen? (…) Nur weil er sechs Gaskammern Tag und Nacht, Schabbat und Festtag arbeiten ließ? Nur weil er in seiner Allmacht Auschwitz, Birkenau, Buna und so viele andere Todesfabriken geschaffen hatte?"

Natürlich wird der strenge Theologe einwenden, nicht Gott, sondern der seine Freiheit mißbrauchende Mensch habe die Lager errichtet und die Tötungsmaschinerie perfektioniert. Aber wer hat ihm den scharfen Verstand gegeben, mit dem er die Gaskammern konstruiert und die „Endlösung" ersonnen hat? Ist ein Vater im Himmel, der dem Massenmord zugesehen hat, nicht ebenso schuldig wie ein Höllendämon, der ihn mit eigener Hand ausgeführt hätte? Gott – ein Mörder? Gott – der schlimmste aller Mörder?

Gott unter Mordanklage – und die Engel weinen

Keine Antwort vom Himmel. Keine Lösung bei den Gelehrten. Keine Hoffnung in den alten Gebeten.

Keinen Trost vermag die Legende im Midrasch zu spenden, Gott habe alle Qualen der Juden in Ägypten zugelassen, seinem Volk zur Prüfung – aber als der Pharao verfügte, die jüdischen Neugeborenen lebendig in die Pyramiden einmauern zu lassen, und der Erzengel Michael eines dieser vor Angst halb wahnsinnigen Kinder zum himmlischen Richter emportrug, da sei Gott entsetzt gewesen und habe auf der Stelle beschlossen, sein Volk aus Ägypten herauszuholen. Als kleiner Junge hat Elie diese Geschichte geliebt, jetzt liest er sie mit Empörung: „Ein einziges jüdisches Kind bewegte Gottes Herz, aber eine Million jüdischer Kinder bewegte Ihn nicht?"

Unbefriedigend die Theorie des *Zimzum* in der Kabbala: Um die Schöpfung überhaupt möglich zu machen, spekulierte der galiläische Rabbi Isaak Luria im 16. Jahrhundert, mußte sich Gott ein Stück weit zurücknehmen, sich aus seiner alles erfüllenden Herrlichkeit auf sich selbst zurückziehen. Sonst wäre für die Schöpfung kein Platz gewesen. Ein notwendiger Akt also, der allerdings ebenso zwangsläufig die Harmonie des Anfangs zerstörte; in das zunächst so strahlende, jetzt aber beschränkte und schwache Sein konnten Finsternis und Sünde einziehen. Schlußfolgerung: Das Böse gehört zum Wesen der Schöpfung dazu.

Doch welcher Verzweifelte läßt sich von intellektuellen Erkenntnissen trösten? Oder von Mutmaßungen über Gottes Pädagogik, wie sie der große Baal Schem Tow formulierte: „Es ist die Aufgabe des Vaters, seinen Sohn gehen zu lehren." Deshalb läßt er ihn ein paar Schritte allein dahinstolpern – mit dem Risiko, daß das Kind auf die Nase fällt. Ein paar Schritte – und Millionen Hingemordete?

Kein Trost in der Mystik, die alle Qual der Menschen in Gottes unendliches Erbarmen eingeschlossen und dadurch verwandelt sieht. Kein Trost in der Gehirnakrobatik, die Wiesel im *Fünften Sohn* zitiert: „Was wäre das Meer ohne die Wellen, die es peitschen? Was das Leben ohne den Zorn, der es schüttelt? Und was wäre die Schöpfung Gottes ohne den Tod, was die Liebe ohne den Haß?" Intelligente Poesie – lächerlich angesichts der Leichenberge.

Was bleibt dann noch als die kühne Auflehnung gegen den Himmel? Forderte nicht sogar der gütige Rabbi Levi-Jizchak von Berditschew, einer der glühendsten Mystiker unter den Chassidim, Gott mit den Worten in die Schranken „Wisse, wenn dein Reich nicht Gnade und Barmherzigkeit bringt, dann wissen wir, daß dein Thron auf Betrug gegründet ist"?

In Auschwitz hat Elie Wiesel erlebt, wie drei ebenso fromme wie gelehrte Rabbiner beschlossen, über Gott wegen dieses Blutbades zu Gericht zu sitzen, ein *Din-Toive* zu veranstalten, ein rabbinisches Schiedsgericht streng nach den Regeln der Tradition. Mehr als drei Jahrzehnte später brachte er seine Erinnerung auf die Bühne: In Wiesels Schauspiel *Der Prozeß von Schamgorod* (aufgeführt unter anderem in Versailles, in Italien, in deutschen Theatern, aber auch an Schulen, in Skandinavien und den USA) zerrt eine reisende jüdische Komödiantentruppe in einem Dorf irgendwo am Dnjepr Gott vor Gericht, während sich draußen der christliche Mob aus Ukrainern und Kosaken zum Pogrom versammelt.

Der jüdische Gastwirt Berisch, dessen Tochter sie vor seinen Augen stundenlang geschändet haben, übernimmt die Rolle des Anklägers. Er möchte wissen, „warum Gott den Mördern die Kraft gibt und den Opfern die Tränen, die Ohnmacht und die Schmach". Berisch kündigt dem gleichgültigen Herrn des Universums die Gefolgschaft auf: „Ich, Berisch, jüdischer Gastwirt aus Schamgorod, klage den Herrn des Universums der Feindseligkeit, der Grausamkeit und der Gleichgültigkeit an. (…) Kann ein Vater ruhig mitansehen, wie seine Kinder geschlachtet werden? (…) Er kann mich töten, uns alle töten, ich werde seine Schuld herausschreien. Mit dem letzten Tropfen meiner Kraft werde ich protestieren. Ob ich lebe oder sterbe, ich werde ihm nicht mehr gehorchen."

Er, der grausame Gott, hätte ihn ja als Staubkorn erschaffen können. „Aber ich bin kein Staubkorn. Ich halte mich aufrecht. Ich gehe vorwärts. Ich denke nach. Ich träume. Ich rege mich auf. Ich schreie: Ich bin ein menschliches Wesen, verdammt noch mal!"

Der wortgewandte Verteidiger, der zur Unterwerfung gegenüber Gottes unerforschlichen Ratschlüssen auffordert und Gott im übrigen für unzuständig erklärt ("Menschen wurden durch andere Menschen niedergemetzelt. Warum beschuldigen Sie Gott?"), entpuppt sich am Ende als Satan persönlich.

"Wie kann man an Gott glauben", fragt Wiesel in seiner Relecture der biblischen Isaak-Geschichte verzweifelt, "an den Gott Abrahams, den Gott Isaaks, den Gott Jakobs – und zugleich der vielen Abrahams, Isaaks und Jakobs gedenken, die auf dem Altar nicht gerettet wurden. Es gab keinen Engel, der kam, um sie vor dem Feuertod zu bewahren. Ich weiß nicht, warum, ich weiß keine Antwort."

Was für ein Messias das schon sein könne, "der sechs Millionen Tote verlangt, bevor er sich zu erkennen gibt", will ein zorniger Patriarch Abraham vom Tribunal des Himmels wissen – in Wiesels bedrückender, von Darius Milhaud vertonter Kantate *Ani Maamin* ("Ich glaube"). 1973 war das Premierenpublikum in der New Yorker *Carnegie Hall* Zeuge, wie die Glaubensväter der Bibel im Himmel Klage über den Holocaust führen. "Die Torah verbietet das Schlachten eines Tieres und seines Jungen am selben Tag", hält Abraham dem Schöpfer vor. In den Lagern aber würden täglich Väter und Söhne in Gegenwart des andern massakriert. "Ist denn ein Jude weniger wert als ein wildes Tier? Oder kannst du dein eigenes Gesetz verletzen?"

Jakob assistiert Abraham: "Du hast mir versprochen, über Israel zu wachen", hält er Gott vor. "Wo bist du? Wo bleibt dein Versprechen? (...) Ist das dein Segen?" Die Patriarchen fühlen sich schuldig, überall Agonie und Demütigung in einer vom Tod beherrschten Anti-Welt zu sehen und nicht helfen zu können. "Sechs Millionen

Male" sei Gottes Tempel zerstört und Gottes Gegenwart in den Menschenherzen ausgelöscht worden. „Warschau, Bialystok, Theresienstadt: schwarze Sterne, schwarz von Blut, schwarz von Ruß. (...) Wie viele Opfer? Tausendmal tausend – und mehr. Tausendmal tausend unschuldige Kinder in einer schuldigen Welt. Tausendmal tausend Mütter – und mehr – in einem unfruchtbaren Universum. Schöpfer der Welt, das ist deine Schöpfung."

Nein, er akzeptiert den üblichen Trost nicht, daß alles seinen Sinn habe und am Ende der Prüfungen die Erlösung warte; genug, daß Gott darum wisse. Abraham: „Nein, es ist nicht genug! Gott soll der Trost sein? Wer sagt das? Er? Oder ich? Nicht genug! Die Opfer sagen es nicht! Niemals werden die Herzen meiner Nachkommen getröstet werden! Niemals wird die Wunde geheilt werden oder die Schande ausradiert." Er akzeptiert auch nicht die mögliche bohrende Gegenfrage Gottes an die Menschen, was sie mit seiner Schöpfung gemacht hätten.

„*Adieu, ciel*", singt ein trauriger Chor, „*adieu, monde, adieu, hommes.* Lebe wohl, Himmel. Lebe wohl, Welt. Lebt wohl, Menschen. Sagt Amen, wenn ihr geht, sagt Amen, wenn ihr sterbt. (...) Wenn ihr leidet, Narren, leidet, ohne Gerechtigkeit oder Wahrheit anzurufen. Ihr Prinzen des Feuers, brennt ohne Hoffnung auf ein anderes Königreich als jenes, das in euren geschwollenen Augen brennt. Laßt die Nacht kommen, die Nacht mit ihren bösen Schatten; laßt die Nacht kommen, die Nacht und ihr blutbeflecktes Regiment. Opfer, sagt Amen, sagt Amen, ihr umgebrachten Kinder. Amen, Tod. Amen, Mörder. Ihr seid die Gewinner (...)."

Doch während alle Engel in Tränen ausbrechen und die Chöre des Himmels eine Antwort fordern, verharrt Gott in Schweigen. „Der Himmel schweigt, und sein Schweigen ist eine Mauer." Die Patriarchen kehren zur

Erde zurück, um ihrem Volk die Nachricht zu bringen, daß Gott es verlassen hat. „Gott weiß – also will er es." Sie wissen aber auch, daß sein Volk weiter an ihn glauben wird, Gott zum Trotz, den Mördern zum Trotz, und daß dieser Glaube die Schöpfung retten wird.

Keiner der Patriarchen bemerkt beim Verlassen des Himmels die Tränen in den Augen Gottes.

Und keiner kann sehen, daß sie nicht länger allein sind: Gott begleitet sie, weinend, lächelnd, flüsternd: „Meine Kinder haben mich besiegt!"

Glauben am Rand des Wahnsinns

In der jüdischen Glaubensgeschichte ist das Hadern mit Gott legitim. „Gott herauszufordern ist erlaubt, sogar erwünscht", hält Wiesel fest. „Solange man für den Menschen und nicht gegen ihn spricht, darf man alles sagen." In dem berühmt gewordenen – lange für eine authentische Botschaft aus den Ruinen des Warschauer Gettos gehaltenen – Text des jungen litauischen Journalisten und Geheimagenten Zvi Kolitz *Jossel Rakovers Wendung zu Gott* findet sich die trotzige Feststellung: „Zu sagen, daß wir die Schläge verdienen, die wir empfangen haben, heißt, uns selbst zu lästern. Es ist (...) eine Entheiligung des Namens ‚Jude', eine Entweihung des Namens ‚Gott'. Es ist eins und dasselbe. Gott wird gelästert, wenn wir uns lästern."

Und später, im selben Text: „Ich beuge mein Haupt vor Seiner Größe, aber werde die Rute nicht küssen, mit der Er mich schlägt." Gott möge ihm doch erklären, welche Sünde auf der Welt eine derart furchtbare Strafe verdiene. „Du sollst den Strick nicht zu sehr anspannen! Denn er könnte – Gott verhüte! – noch reißen. Die Versuchung, in die Du uns geführt hast, ist so schwer, so unerträglich schwer, daß Du denjenigen Deines Volks vergeben sollst und mußt, die sich in ihrem Unglück und Zorn von Dir abgekehrt haben. (...) Ich sage Dir das alles so deutlich, weil ich an Dich glaube, weil ich mehr an Dich glaube als je zuvor – weil ich jetzt weiß, daß Du mein Gott bist. Denn Du bist doch nicht, Du kannst doch nicht der Gott jener sein, deren Taten der grauenvollste Beweis ihrer aggressiven Gottlosigkeit sind. Denn wenn Du nicht mein Gott bist – wessen Gott bist Du dann? Der Gott der Mörder? (...) Aber gerade, weil Du so groß bist und ich so klein, bitte ich Dich – warne ich Dich! – um Deines Namens willen: Hör auf, Deine Größe dadurch zu krönen, daß Du die Unglücklichen schlagen läßt!"

„Bei mir wird Er sich nicht so leicht aus der Affäre ziehen wie bei Ijob", kündigt der Ich-Erzähler (der Wiesels Züge trägt) in den *Gezeiten des Schweigens* grimmig an. „Bei mir wird Er nicht so leicht gewinnen. Mit mir wird die Partie kein Kinderspiel sein. Mir macht Er keine Angst. Mich schüchtert Er nicht ein."

Im *Bettler von Jerusalem* gesteht ein leidenschaftlich Gläubiger Gott am Vorabend des Sechstagekrieges, niemals habe er seine Liebe bezweifelt; sogar den Tod so vieler Kinder in Auschwitz habe er schweigend hingenommen und sich gezwungen, „den Dolch, den Du so oft in mein unterwürfiges Herz gesenkt hast, in einen Gesang zu verwandeln" – doch das sei nun vorbei: „Hörst Du mich? Das ist vorüber, sag ich Dir! Ich bin am Ende, ich kann nicht mehr. Wenn Du auch diesmal Dein Volk verläßt, wenn Du auch diesmal dem Mörder erlaubst, Deine Kinder zu morden und ihre Treue zum Bündnis zu beflecken, wenn Du jetzt Dein Versprechen verhöhnst, dann wisse, o Herr von allem, das atmet, daß Du die Liebe

Deines Volkes nicht mehr verdienst und nicht seine Leidenschaft, Dich zu heiligen und Dich gegen alles und gegen Dich selbst zu rechtfertigen [...]." Mit jeder seiner Tränen und Gesten werde er ihn verleugnen, kündigt er Gott wütend an.

Was zunächst wie blasphemische Rebellion aussehen mag, erweist sich als Zeugnis eines trotzigen Glaubens: Auch Ijob hat Gott anerkannt, indem er ihm die Stirn bot. Und im biblischen Ijob-Buch gibt Gott dem Rebellen recht und nicht seinen neunmalklugen Freunden mit ihren spitzfindigen theologischen Beweisführungen.

In seiner Nobelpreisrede hat ihn Elie Wiesel als „Vorfahren" und „Zeitgenossen" geschildert, dessen Zerreißprobe alle Menschen angehe: „Hat er je seinen Glauben verloren? Wenn dem so wäre, dann hat er ihn wiederentdeckt in seiner Rebellion." Für Wiesel ist Glauben keine billige Vertröstung und keine philosophische Erklärung, die im Interesse der reinen Lehre über Leichen geht, sondern ein Risiko und ein Ringen, mehr verzweifelte Frage als dogmatische Antwort: „Man begreift es nicht mit Gott. Und man versteht es nicht ohne ihn."

Wie man denn nach Auschwitz noch an Gott glauben könne, bedrängt Gregor im Roman *Die Pforten des Waldes* einen weisen Rabbi. Dessen Antwort: „Wie kannst du nach dem, was uns geschehen ist, *nicht* an Gott glauben?" Und der vom Leben Gebeugte („die Jahre stapelten sich auf seinen Schultern") stellt seinem an der himmlischen Gerechtigkeit verzweifelnden jungen Freund leise die Frage: „Wer sagt dir, daß die Kraft dem Schrei entspringt und nicht dem Gebet? Dem Zorn und nicht dem Erbarmen? Wo nimmst du deine Gewißheiten her, du, der vorgibt, sie alle verleugnet zu haben? Ein Mann, der singend in den Tod geht, ist der Bruder dessen, der kämpfend in den Tod geht. Gesang auf den Lippen ist soviel wert wie der Dolch in der Faust."

In der Synagoge gibt es keine Kniebänke. Juden stehen vor Gott, wenn sie beten – ausgeliefert und selbstbewußt zugleich: Hier bin ich, ich habe mit dir zu reden! Zweifel und Anklage gehören zu diesem Gebet, manchmal wohl auch eine Portion Zynismus. Wenn der Rabbi Israel von Rizin einen Strauß mit Gott auszufechten hatte, pflegte er trotzig zu sagen: „Ich bin kein Sklave, der den König um Gnaden bittet. Ich komme, um Probleme und Staatsaffairen zu erörtern." Eines Tages rief er empört aus: „Herr der Welt, wie viele Jahre kennen wir uns schon? Also gestatte mir, mein Erstaunen auszudrücken: Was hast du für eine Art, die Welt zu regieren? Es ist höchste Zeit, daß du dich deines Volkes erbarmst! Und wenn du dich weigerst, mich anzuhören, dann sage mir: Was habe ich hier zu schaffen auf dieser deiner Erde?"

In Sassow in der Ukraine, so ist es in den Überlieferungen der Chassidim zu lesen, starben einer Mutter mehrere Kinder nacheinander im zarten Alter. Weinend vertraute sie der Frau des berühmten Rabbi Mosche Löb ihren Kummer an: Was das für ein grausamer Gott sei, der einem wieder raube, was er geschenkt habe. „So darfst du nicht reden", versuchte die Rebezzin zu trösten. „Die Wege des Himmels sind unergründlich. Man muß lernen, sein Schicksal anzunehmen." In diesem Augenblick erschien Rabbi Löb auf der Türschwelle und fegte die ganze Theologie beiseite: „Und ich sage dir, Frau, man muß es nicht annehmen!" ermutigte er die unglückliche Mutter. „Man muß sich nicht unterwerfen. Ich rate dir, zu rufen, zu schreien, zu protestieren, Gerechtigkeit zu fordern, verstehst du mich, Frau? Man darf es nicht annehmen!" Juden sind Anwälte des Lebens.

„Ich glaube – Gott zum Trotz"

In *Gezeiten des Schweigens* hat Wiesel das „Gebet eines Verrückten" aufgezeichnet: „Ach Gott, gib mir die Kraft, gegen dich zu sündigen, mich deinem Willen zu widersetzen, dich gefangenzusetzen, dich lächerlich zu machen!"

Das ist Ketzerei, Rebellion, Empörung, himmelweit entfernt von der sanften Korrektheit, die bürgerliche Religion für den Umgang mit Gott vorschreibt – aber es ist ein Gebet, voller Leidenschaft und enttäuschter Treue. Im selben Ton schroffer Verzweiflung streiten Verliebte um die Reste ihres verlorenen Paradieses. Rabbi Mendel von Kozk, Wiesel zitiert ihn in seiner Autobiographie, pflegte der traditionellen Gebetsanrede *Awinu malkenu*, „unser Vater, unser König", die Worte anzufügen: „Ich werde dich solange Vater nennen, bis du es sein wirst." Läßt sich ein stärkerer, standhafterer Glaube denken?

In seinem späten Roman *Abenddämmerung in der Ferne* erinnert sich Wiesel an seinen ersten Neujahrsmorgen nach der Befreiung aus dem KZ, als ein Rabbiner in das französische Erholungslager kam, um mit den Kindern und Jugendlichen zu beten. Er stimmte die liturgischen Gesänge an, aber die Kinder schwiegen, sie brachten es nicht fertig, Loblieder auf den treuen Gott zu singen. Endlich schloß der Rabbiner sein Buch, begann verzweifelt zu weinen und flüsterte: „Kinder, ihr habt recht, vielleicht brauchen wir andere Gebete." Nach langer Zeit, die Tränen „erstickten" den alten Mann fast, spricht ein Kind einen Schlüsselsatz: „Ihre Tränen, Herr Rabbiner, sind unsere Gebete."

Andere Gebete und Riten müßten ersonnen werden, die der trostlosen Bitterkeit der Opfer und ihrem enttäuschten Glauben Ausdruck zu geben vermögen. Wiesel: „Wie kann ein Mensch im Zeitalter von Auschwitz und Majdanek noch unerschütterlich behaupten, daß unser Vater im Himmel groß, gerecht und gnädig ist?" Müssen solche Worte nicht zur Lüge, zur Gotteslästerung werden?

Doch die Rebellion bleibt *innerhalb* des Glaubens. Ein hartnäckig Glaubender, leidenschaftlich in Gott Verliebter hadert mit dessen Schweigen. „Ich habe meinen Glauben an Gott nie verleugnet", lautet die Bilanz in seiner Autobiographie. „Ich habe mich gegen Sein Gesetz gestemmt, habe gegen Sein Schweigen, bisweilen auch gegen Seine Abwesenheit aufbegehrt, doch meine Wut tobte innerhalb meines Glaubens, niemals außerhalb. Ich gebe zu, diese Haltung ist nicht sehr originell, sie steht in der jüdischen Tradition."

Man könne aus dem Glauben heraus gegen Gott prozessieren. Man könne *mit* Gott *gegen* Gott sein. Am Ende werde der zweifelnde, verbitterte Beter trotz Auschwitz, trotz der Todeslager sein Bekenntnis zum liebenden Gott sprechen, „mit zusammengebissenen Zähnen" – aus dem einfachen Grund, weil es die Sterbenden in den Lagern auch gesprochen hätten und weil es für sie die einzige Quelle der Hoffnung gewesen sei: „Mit welchem Recht sollte gerade er sie im Stiche lassen? Mit welchem Recht könnte er ein Gebet unterbrechen, das andere Juden andernorts lebendig gehalten haben? Sicher, er zögert, aber ohne dieses Zögern würde sein Gebet nur eine liebgewordene Gewohnheit sein. Durch sein Zögern macht er eine Mahnung daraus und eine Geschichte."

Vielleicht ist auch die erwähnte Kantate das Gebet eines Verrückten. *„Ani maamin*, ich glaube, Abraham, trotz Treblinka", singt der Chor am Ende. „Ani maamin, Isaak, wegen Belsen. Ani maamin, Jakob, wegen und trotz Majdanek. Ihr vergeblich Gestorbenen, ihr für nichts

Umgebrachten, ani maamin. Betet, Menschen. Betet zu Gott, gegen Gott, für Gott. Ani maamin. Ob der Messias kommt, ani maamin. Oder ob er sich verspätet, ani maamin. Ob Gott schweigt oder weint, ani maamin. Ani maamin für ihn, ihm zum Trotz. Ich glaube an dich, auch gegen deinen Willen. Auch wenn du mich für den Glauben an dich bestrafst. Gesegnet sind die Narren, die ihren Glauben herausschreien. Gesegnet sind die Narren, die sich das Lachen nicht nehmen lassen, die den Mann auslachen, der über die Juden lacht, die ihren Brüdern helfen und singen, immer und immer wieder: Ani maamin."

Nicht nur trotz, sondern *wegen* der Vernichtungslager an den Herrn der Welt glauben? Sich für Gott entscheiden, der den Sinn kennen mag, wider alle Vernunft und Erfahrung? Wie es Zvi Kolitz am Ende seinen *Jossel Rakover* sagen läßt: „Gott Israels", so zitiert er eine Ijob-Figur aus alter Zeit, einen von der Inquisition Verfolgten, dem auf der Flucht Frau und Kind gestorben sind, „Du (...) tust alles, daß ich an Dich nicht glauben soll. Wenn Du aber meinen solltest, daß es Dir gelingen wird, mich mit diesen Versuchungen vom richtigen Weg abzubringen, ruf ich Dir zu, mein Gott und Gott meiner Eltern, daß es Dir alles nicht helfen wird. Magst Du mich auch beleidigen, magst Du mich auch züchtigen, magst Du mir auch wegnehmen das Teuerste und Beste, das ich habe auf der Welt, und mich zu Tode peinigen – ich werde immer an Dich glauben. Ich werde Dich immer liebhaben, immer – Dir selbst zum Trotz!"

Bleibt so ein Vertrauen am Rand des Wahnsinns als einzige Möglichkeit, weil man sonst Amok laufen oder sich aufhängen müßte? „Es ist schon möglich, ihr seid die Rute Gottes", sagt der Jude Mendel im *Prozeß von Schamgorod* zum Popen. „Aber der Gerechte, der mit der Rute geschlagen wird, ist in Gottes Nähe, nicht aber die Rute oder der sie schwingt. (...) Wen wird Gott auserwählen, die leidenden Menschen oder diejenigen, die Leiden verbreiten? Wird er diejenigen auserwählen, die in seinem Namen töten, oder diejenigen, die in seinem Namen sterben?"

Wiesels Glaubensgründe gehen noch tiefer. Die jüdische Mystik hat immer schon das Bild von der *Schechina ba-Galuta* gekannt, der Herrlichkeit Gottes im Exil, von einem Gott, der seine Kinder in die Verbannung begleitet und mit ihnen leidet. Die alten Legenden beschreiben die *Schechina* als traurige, schöne Frau, schwarz gekleidet, von Licht umflossen, die klagend in den Ruinen des Jerusalemer Tempels herumirrt oder um Mitternacht erscheint, um die Kranken zu heilen und die Unglücklichen zu trösten. Ein Bild für die Solidarität Gottes: Was uns zustößt, das berührt ihn.

„Gott hängt am Galgen"

War er, der Auschwitz hat geschehen lassen, am Ende auch dort in den Hungerbunkern und Gaskammern? War das seine Art von Hilfe und Erlösung, mit den Opfern zu leiden? Einige wenige jüdische Gelehrte des 20. Jahrhunderts wie der im Warschauer Getto predigende Rabbi Kalonymos Shapiro sehen das so; Gottes Nähe habe man nicht wahrnehmen können, weil er sein Gesicht verhüllt und im Verborgenen geweint habe, ein Deportierter wie sein ganzes Volk.

Bekannt ist die Geschichte von einem zarten Jungen, der im Lager Buna wegen Sabotage gehängt wurde und mehr als eine halbe Stunde in einem endlosen Todeskampf zwischen Himmel und Erde schwebte. Wo denn jetzt Gott sei, wollte jemand wissen, bestimmt kein Zyniker, nur ein Verzweifelter.

Und Elie hörte eine Stimme in sich antworten: „Wo er ist? Dort – dort hängt er, am Galgen …"

Christliche Theologen wie Robert McAfee Brown, Karl-Josef Kuschel und Reinhold Boschki haben in minuziösen Textanalysen davor gewarnt, diese Szene entweder als Proklamation des Todes Gottes mißzuverstehen (das wäre gegen alle jüdische Tradition, denn Gott sei dort immer der Gott des Lebens) oder sie als quasi christliche Leidens- und Kreuzestheologie zu vereinnahmen. Hier sei gerade nicht von einer wie auch immer gearteten Nähe Gottes die Rede, sondern von der Gottverlassenheit der Opfer. Kuschel: „Der gehängte Gott ist der nutzlose Gott, dessen Macht und Kraft so tot ist wie das strangulierte Kind am Galgen."

Wiesel selbst stellt im zweiten Band seiner Autobiographie klar, er habe zeigen wollen, daß die Mörder mit dem unschuldigen Jungen Gott selbst hätten umbringen wollen. „Dies sage ich jedoch aus meinem Glauben heraus. (…) Nur weil ich noch an Gott glaube, verlange ich Rechenschaft von ihm."

Er geht so weit, Mitleid mit dem ohnmächtigen Gott zu fordern: „Mitleid mit dem Vater, der mit seinen Kindern leidet, weil sie leiden und manchmal durch ihn leiden müssen; Mitleid mit dem Richter, dessen Strenge das gewöhnliche Maß überschreitet; Mitleid mit dem König, dessen Krone so oft durch den Staub gezogen wird, dessen Wort kaum gehört und dann noch schlecht verstanden und falsch gedeutet wird; Mitleid mit dem Herrn, der überall und immerdar gegenwärtig ist, in jedem Ding, in jeder Tat, sogar im Schmerz, sogar im Bösen, sogar in der Not, sogar in seiner Abwesenheit, die die Menschenwesen martert." Es gebe keine tragischere Gestalt in der Bibel als Gott, sagte Wiesels Talmudlehrer Saul Lieberman, Gott, der weinend mitansehen müsse, was die Menschen aus seiner Schöpfung gemacht hätten.

Fragen, keine Antworten. Allenfalls die Ahnung einer Antwort. Die alte Legende von dem Kelch neben Gottes Thron, in den alle unsere Tränen fließen; wenn er voll sein wird, dann endlich wird der Messias kommen. Und gleich wieder die schmerzgepeinigte Frage, ob dieser Kelch denn keinen Boden habe.

Die Geschichte vom weinenden Gott: Als er die Leiden seiner unter den Völkern zerstreuten Kinder sieht, vergießt er zwei Tränen, die in den Ozean tropfen. Beim Fallen machen diese Tränen einen solchen Lärm, daß man es von einem Ende der Welt bis zum anderen hört.

Vermag Gottes Weinen die zu trösten, die nach seinem machtvollen Eingreifen schreien? Und sein Mitleid jene zu besänftigen, die nach Gerechtigkeit rufen? Oder stürzten die Unrechtsstrukturen in der Welt tatsächlich zusammen, würde sich nur das Bewußtsein durchsetzen, daß Gottes Platz unter den Opfern ist und niemals auf seiten der Täter? Liegt die einzige Hoffnung in der Erkenntnis, daß er die an sein Herz nimmt, die in seinem Namen sterben, nicht aber, die in seinem Namen töten?

„Wenn der Messias sich nicht beeilt", prophezeit Gabriel in den *Pforten des Waldes* düster, „läuft er Gefahr, zu spät zu kommen: denn dann wird niemand mehr zu erlösen sein."

Oder ist er schon da, und nichts hat sich geändert? Dann sei wirklich keine Hoffnung mehr möglich, stellt Gabriel fest; „der Messias ist gekommen, und der Henker fährt mit seiner Arbeit fort. Der Messias ist gekommen, und die Welt ist geblieben, was sie war: ein ungeheurer Schlachthof."

Was aber, wenn doch noch ein Wunder geschieht, bäumt sich eine wilde Hoffnung in Gabriel auf: wenn der Messias wartet, „bis es vollständig Nacht wird, damit das Wunder sich vollziehen, damit die Flamme sprühen kann"?

VI
LEBEN:

Ein Rebell gegen den Tod lernt das befreiende Lachen

*„Eine Minute, bevor wir sterben, ist der
Tod der Besiegte."*

Einer, der fast seine ganze Familie in den KZs verloren
hat, darf seinen verbissenen Prozeß gegen den schweigenden Gott so unentschieden enden lassen: die unlösbaren
Probleme stehen lassen und weiterkämpfen, in dem
wahnwitzig-tapferen Vertrauen, daß Gott dort in den Opfern anwesend war und jetzt mit denen geht, die sich den
Glauben an das Leben nicht rauben lassen. „Trotzdem"
heißt das Zauberwort.

Es klingt naiv, wenn man sich vor Augen hält, daß
die Leugner des Holocaust schon wieder Oberwasser
haben. Im texanischen San Antonio stand ein Mann auf
und fragte Wiesel, wie er über den Holocaust schreiben
könne, „wo er doch eine jüdische Erfindung ist"? Mittlerweile gibt es eine viel schlimmere Variante: diejenigen, die sich gar nicht mehr die Mühe machen, den
Massenmord abzustreiten, sondern müde fragen: „Na
und?"

Trotzdem leben. Trotzdem hoffen. Trotzdem singen.
Die strahlend aufgegangene Sonne gehe bald wieder unter, und die Verzweiflung der Nacht mache dem Tag
Platz. „Manchmal ist es unsere Aufgabe, etwas zu versuchen, gerade weil es vergeblich ist", stellt Wiesel nüchtern fest. „Weil am Ende des Weges der Tod auf uns war-

tet, müssen wir aus vollen Zügen leben. Weil ein Geschehen uns sinnlos erscheint, müssen wir ihm einen Sinn geben. Weil wir unsere Zukunft nicht in den Händen halten, müssen wir sie schaffen."

„Natürlich macht es dem Tod Spaß, in unseren Reihen zu wüten", räumt ein leiderfahrener Rabbi im *Fünften Sohn* ein. Aber was bedeuten sie schon, die zahllosen Verfolgungen und Pogrome? „Es bedeutet, daß wir dem Tod zum Trotz leben, daß wir trotz des Todes leben, daß wir den Tod überleben!"

Seit er das begriffen hat, damals in New York, lange nach der Befreiung aus dem Reich der Nacht, seither ist Elie Wiesel auf der Suche nach dieser Kraft tief im Menschen, die stärker ist als der Tod. Denn wenn Verzweiflung Hoffnung gebären kann, dann gibt es noch einen Sinn in der menschlichen Existenz.

„Du willst über das Böse triumphieren? Großartig. Beginne damit, deinesgleichen zu helfen. Über den Tod triumphieren? Ausgezeichnet. Beginne damit, deinen Nächsten zu retten."

Das ist der Weg. So knapp, wie eine Kampfparole, ist er ausgerechnet im *Schwur von Kolvillág* formuliert, Wiesels eigentlich ziemlich pessimistischem Roman über ein Pogrom in Osteuropa in den zwanziger Jahren.

Das ist der Weg, aus der besessenen Hingabe an den Tod wieder in das Leben zu finden: sich nicht im Leiden einzuspinnen, so entsetzlich es gewesen sein mag, sondern sich gegenwärtiger Not zuzuwenden. Wer sich heute anstrengt, besiegt den Tod von gestern – und verhindert ihn vielleicht morgen. Wer andere rettet, triumphiert am Ende über das Böse.

Vielleicht ist das verrückt. Und wenn schon! Es gebe Momente, da helfe nur noch ein „mystischer Wahnsinn". Müsse man heute nicht wahnsinnig sein, um an Gott und an den Menschen zu glauben? „Man muß wahnsinnig sein, um überhaupt zu glauben."

„Ein Jude ist jemand, der singt"

In einem seiner letzten Romane, *Abenddämmerung in der Ferne*, führt uns Wiesel ein komplettes Irrenhaus voll überaus sympathischer biblischer Gestalten vor, eine Klinik in den Bergen des Staates New York, deren Insassen sich für Adam, Abraham, Kain, den Messias halten und ziemlich scharfsinnige Ansichten über die Welt haben. „Adam" meint zwar, Gott habe die Schöpfung zu früh in die Freiheit entlassen und solle den Lauf der Welt lieber beenden, bevor noch mehr Unheil entstehen könne. Doch dann gibt es dort soviel Freundschaft, Mut und Zuwendung zu den Notleidenden, daß Gottes Kosmos doch nicht so ohne Sinn und Glück erscheint.

„Trotzdem", „dennoch", das seien die Schlüsselworte in seinem Werk, hat Wiesel einmal verraten. „Es ist fürchterlich, und trotzdem machen wir weiter. Es ist Nacht, und dennoch glauben wir an das Morgengrauen. André Malraux sagte: ‚Der Tod wird siegen.' Und trotzdem – eine Minute, bevor wir sterben, ist der Tod der Besiegte." Deshalb – und nicht aus einem hohlköpfigen Optimismus heraus – sei der Jude ein Mensch, „dessen Lied nicht zum Schweigen gebracht werden kann und dessen Freude von keinem Feind getötet werden kann".

Warum Isaak, Urbild des tragischen Menschenschicksals, einen so unpassenden Namen trage, der „er wird lachen" bedeute? Natürlich wieder aus einem sehr pädagogischen Grund: „Als erster Überlebender lehrt er die Überlebenden der künftigen jüdischen Geschichte, daß es möglich ist, ein ganzes Leben lang zu leiden und zu verzweifeln und dennoch nicht auf die Kunst des Lachens zu verzichten."

Warum sie so stolz darauf sei, Jüdin zu sein, fragte Wiesel fassungslos eine junge schöne Frau, die damals in Moskau an *Simchat Torah* vor der Synagoge tanzte und einen Sprechchor anführte. „Weil ich gern singe, ganz einfach", gab sie achselzuckend zur Antwort. „Ich hätte sie vor lauter Freude dafür küssen mögen", jubelt Wiesel in der Erinnerung und präzisiert, was so verrückt klingt: „Ein Jude ist jemand, der singt. Er singt in dem verplombten Güterwagen, der nachts durch die besetzten Gebiete Europas rollt. (…) Er singt, weil er glücklich ist oder das Glück sucht oder auch am Glück verzweifelt. Er wird verfolgt und macht aus seinem Leiden ein Lied. Er wird ausgestoßen und macht aus seiner Einsamkeit ein gesungenes Gebet."

Nein, es ist nicht grenzenlos naiv oder komplett übergeschnappt, dieses Volk, das singend in die Gaskammern wanderte und seinem Gott auch dann nicht die Gefolgschaft aufkündigte, als er tatenlos zusah, wie es millionenfach in den Todeslagern und Massengräbern verschwand. „Dieses Lachen entstammt einem klaren und verzweifelten Verstand", schreibt Wiesel in seinem Portrait eines Chassiden von sprichwörtlicher Heiterkeit, es sei „ein Lachen des Protests gegen die Absurdität des Daseins" gewesen, „der Revolte gegen eine Welt, in der der Mensch – was immer er auch tun mag – bestohlen wird, in der er im voraus verdammt ist; es ist ein Lachen des Mitgefühls mit dem Menschen, der dem Zwiespalt seines Schicksals und seines Glaubens nicht entgehen kann. Sich Gott blind unterwerfen, ohne nach dem Sinn der Unterwerfung zu fragen, hieße Gott herabsetzen; ihn verstehen wollen, hieße seine Absichten und seine Anschauung auf unser Niveau herabziehen. Das Dilemma ist total, schwarz, ohne Ausweg. Wie soll der Mensch sich also ernst nehmen? Die Revolte ist keine Lösung, die Unterwerfung ebensowenig. Bleibt das Lachen, das metaphysische, befreiende, rächende Lachen."

Noch deutlicher: „Wenn ich Lachen sage, meine ich keine Komödie. Lachen ist Trotz, ist Herausforderung. (…) Der einzige Weg, über Gott zu triumphieren, ist zu lachen – nicht über Ihn, sondern mit Ihm."

„Erinnerung bringt die Erlösung näher"

Man müsse Glück schaffen, um gegen die Welt des Unglücks zu protestieren, hat Camus gesagt. Durch Helfen wieder leben lernen, das rät Wiesel den in Mißtrauen und Bitterkeit Erstarrten. Niederschmetternde Erfahrungen in Kraft verwandeln. Neue Hoffnung erfinden, wenn alle Hoffnung ausgelöscht scheint. „Dem Menschen ist es gegeben", schreibt Elie Wiesel mit der verzweifelten Liebe, die das Privileg der Ketzer ist, „dem Menschen ist es gegeben, die göttliche Ungerechtigkeit in menschliche Gerechtigkeit zu verwandeln".

Bloße Illusion? Seine Verwegenheit schöpft Wiesel aus der Erinnerung an jene, die von den Juden „die Gerechten unter den Völkern" genannt werden, die den Mördern Widerstand geleistet und den Tod wenigstens für einen Moment aufgehalten haben. „Wie könnte ich jemals die Person vergessen, die am Tag vor dem ersten Deportationszug an unser Fenster geklopft hatte, um uns zu warnen? Es ist mir nie gelungen, sie ausfindig zu machen."

Polen, Holländer, Belgier, Dänen, Franzosen … wenn man sie frage, warum sie sich in Gefahr begeben hätten, statt untätig abzuwarten, ernte man in der Regel verständnislose Abwehr. „Warum belästigt man sie mit diesen Heldengeschichten? Sie haben doch nichts Besonderes geleistet, nichts, was nicht jeder Mensch an ihrer Stelle ebenso getan hätte, oder?"

Gern erzählt Wiesel von einer Berlinerin, die unter Einsatz ihres Lebens mehrere Juden gerettet hatte und später in Israel dafür geehrt wurde. Den Journalisten, die sie mit ihren ständigen Fragen nach dem Motiv solchen Handelns nervten, gab sie schließlich eine überraschende Antwort: „Wollen Sie wirklich wissen, warum? Ich werde es Ihnen sagen: aus Selbstachtung."

Wiesel: „Wenn ich zugegen gewesen wäre, ich hätte sie umarmt."

Solche Menschen sind seine Hoffnung. Die tanzenden Jugendlichen in Moskau, die sich von der Sowjetmacht den Stolz auf ihr Judentum und die Freude am Leben nicht rauben ließen. Die Studenten mit ihren klugen Fragen. Der Sinn junger Leute für Zivilcourage, ihre Abneigung gegen feiges Komplizentum. Die Jugend ist seine Hoffnung, eine konsequente Erziehung zur Solidarität, zum intelligenten Mitfühlen seine Forderung:

„Wenn jemand leidet, wenn jemand einsam ist, hat niemand das Recht, sich fortzustehlen oder die Augen zu verschließen. Wenn jemand Unrecht erleidet, darf niemand sich abwenden, wer leidet, hat Vorrang. Sein Leiden gibt ihm das Recht dazu. Wenn jemand neben dir weint, so hat er Anspruch auf dich, auch wenn sein Leid ihm von euerm gemeinsamen Gott auferlegt wurde. Über einen Menschen, der leidet, zu wachen, ist dringlicher als an Gott zu denken."

„Trotzdem" heißt das eine magische Wort, das in Wiesels Werk ständig wiederkehrt, „Erinnerung" das andere. Erinnerung verklammert die Erfahrungen der Opfer und die Hoffnungen der neuen Generation, Erinnerung unterbricht den Kreislauf von Gewalt und Haß, Ausgrenzung und Rache, Erinnerung macht die Gleichgültigkeit verdächtig und verhindert – vielleicht –, daß sich das Grauen wiederholt. „Verdrängen hält die Erlösung auf, Erinnerung bringt sie näher", sagen die Chassidim.

Der Vergessene hat Wiesel einen seiner jüngsten Romane genannt, mit dem er sich scheinbar – und ganz ungewohnt – ein aktuelles Reizthema zunutze macht: die tückische Alzheimer-Krankheit. Der Getto-Überlebende Elchanan Rosenbaum, Psychotherapeut und Lehrer in New York, muß entsetzt erkennen, daß er sich an immer weniger Dinge aus seinem Leben erinnert. Wiesel über diese beklemmende Geschichte eines geistigen Verfalls: „Gibt es eine schlimmere Krankheit als Alzheimer? Es ist ein Krebsgeschwür an der Identität, im Gedächtnis des Menschen. Im Roman vergleiche ich sie mit einem Buch, dessen Seiten nach und nach bis zur letzten herausgerissen werden; zurück bleibt nur noch der leere Einband."

Doch es gibt eine Rettung, eine wahnwitzige wie meist bei Wiesel, und sie führt über das vordergründige Interesse an „Alzheimer" hinaus: Elchanan, sein Sohn Malkiel und dessen Geliebte Tamar nehmen eine Art Gedächtnisübertragung vor, so wie bei anderen Krankheiten Blut übertragen wird. In einem Wettlauf mit dem tödlichen Vergessen erzählt der Vater dem Sohn Episode um Episode aus seinem Leben, Zusammenhänge und ungelöste Fragen, die Kindheit in einem kleinen Karpatendorf, Partisanenkämpfe in den Wäldern, Irrfahrten durch Europa, die illegale Einwanderung nach Palästina, die Eroberung der Jerusalemer Altstadt, Liebe und Niederlagen ... Und Malkiel, der bisher etwas oberflächliche New Yorker Journalist, wächst an dieser Erinnerung und entdeckt ungeahnte Tiefendimensionen in seinem eigenen Leben. Er reist in die Heimat des Vaters – und findet sich selbst.

Was bleibt vom Menschen übrig, wenn er sich nicht mehr erinnern kann? Was wird aus den Überlebenden des Holocaust, wenn ihr Zeugnis verstummt? Was wird aus der Welt, wenn sie ihnen nicht mehr zuhört? Ist sie verdammt, Auschwitz zu wiederholen?

Mit Wiesel legen wir in der *anamnetischen Ethik*, von der bereits die Rede war, eine sprudelnde Quelle der Hoffnung frei. Abstrakten Vernunftargumenten setzt sie lebendige Erfahrung entgegen, optimistischen Weltverbesserungsideen das Wissen um die Gebrochenheit menschlicher Bemühungen, aber auch der verbitterten Fixierung auf Grauen und Gemeinheit das begründete Vertrauen, daß – und unter welchen Bedingungen – das Gute gelingen kann. Der Jude Adorno konnte nach Auschwitz Schönheit und Trost nur noch in jenem Blick finden, „der aufs Grauen geht, ihm standhält und im unvermilderten Bewußtsein der Negativität die Möglichkeit des Besseren festhält".

Man müsse die Verzweiflung auf sich nehmen, fordert Wiesel, aber man dürfe sich nicht von ihr verschlingen lassen. Und er erinnert sich ein wenig beschämt: Nach jenem Prozeß in Auschwitz, in welchem Gott schuldig gesprochen worden sei, habe einer der gelehrten Rabbiner auf seine Uhr – die er sich dort irgendwie bewahrt hatte – geblickt und gesagt: „Es ist Zeit für das Gebet." Und Gottes unbarmherzige Richter beugten ihre Häupter und beteten.

Ob Elie Wiesel daran gedacht haben mag, als er zusammen mit den anderen Mitgliedern des *US Holocaust Memorial Council* im Sommer 1979 Auschwitz besuchte? Die Konfrontation mit dem Ort, wo man seinem Vater, seiner Mutter, seiner kleinen Schwester ihr Leben geraubt hatte, muß entsetzlich gewesen sein. Man müsse an diesem Ort den Atem anhalten, hat er einmal gesagt, und der gebieterischen Stimme einer Erinnerung lauschen, „die brennt und brennt, aber sich niemals verzehrt".

Die KZ-Überlebenden gingen mit wankenden Schritten, einander fest an den Armen haltend, noch einmal die Wege von der Rampe zu den Baracken, zu den Hinrichtungsstätten, zu den Gaskammern. „Jeden Wunsch, zu heulen, zu schreien, zu weinen, galt es zu unterdrücken", vertraute Wiesel später einem Interviewer an.

„Während einer unendlichen Zeitspanne hielten wir Stille. Dann, ganz leise zuerst, schließlich immer lauter schreiend, begannen wir wie Verrückte das ewige Gebet der Juden zu sprechen: *Schema Israel*, nur das. ‚Höre Israel, der Herr ist unser Gott, Gott ist einzig …' Einmal, zweimal, fünfmal … Taten wir das, weil damals die Opfer, die spürten, daß das Ende nah war, dasselbe Gebet zu sprechen begannen?

Für mich bedeutete es, daß trotz zweitausend Jahren der Leiden und der Verfolgung durch alle Mächte des Bösen und des Exils noch ein Jude da ist, der *Schema Israel* sagt.

Es war wie eine Herausforderung, nicht wie eine Unterwerfung."

Tips zum Weiterlesen

Die vorliegende Biographie basiert auf Elie Wiesels 1994/96 in Paris erschienenen zweibändigen Memoiren, die mittlerweile in deutscher Übersetzung unter den Titeln *Alle Flüsse fließen ins Meer* bzw. *... und das Meer wird nicht voll* bei Hoffmann und Campe vorliegen. Leider hat dem Werk ein Lektor gefehlt, der es unternommen hätte, die insgesamt 1200 Seiten zu straffen und von Wiederholungen, nicht immer nachvollziehbaren Zeitsprüngen und endlosen Abrechnungen mit persönlichen Gegnern zu befreien. Die erschütternd authentische, streckenweise ausgesprochen spannende und durchaus selbstkritische Art der Darstellung macht die Lektüre dennoch unverzichtbar für Leser, die Wiesel gründlich kennenlernen wollen.

Von Wiesels Romanen und Essaysammlungen gibt es inzwischen die meisten auf deutsch in preiswerten Taschenbuchausgaben bei Herder und Ullstein. Als Einstieg eignen sich am besten die autobiographische Trilogie *Die Nacht* und der Roman *Gezeiten des Schweigens*, die beziehungsreiche Geschichte eines Überlebenden, der den gleichgültigen Zuschauern von damals erneut begegnet.

Die prägende Kraft der jüdischen Tradition für Wiesels Werk wird in Portraits und Geschichten wie *Die Weisheit des Talmud* oder *Geschichten gegen die Melancholie* sichtbar, sein ebenso origineller wie sensibler Umgang mit der Bibel in den Charakterstudien *Adam oder das Geheimnis des Anfangs* (alle in der Taschenbuch-Reihe Herder/Spektrum).

Die tiefschürfendste deutschsprachige Auseinandersetzung mit Elie Wiesels literarischen Motiven, ethischen Anliegen und theologischen Überzeugungen – im Gespräch mit der reichen jüdischen Tradition und der zeitgenössischen „Holocaust-Literatur" – bildet zweifellos Reinhold Boschkis bei Grünewald erschienene Untersuchung *Der Schrei. Gott und Mensch im Werk von Elie Wiesel*. Als Kurzeinführung eignet sich der schmale Interviewband *Trotzdem hoffen. Mit Johann Baptist Metz und Elie Wiesel im Gespräch* von Ekkehard Schuster und Reinhold Boschert-Kimmig (der inzwischen unter dem Namen Reinhold Boschki veröffentlicht), ebenfalls im Matthias-Grünewald-Verlag.

Elie Wiesel bei Herder / Spektrum

Elie Wiesel
Adam oder das Geheimnis des Anfangs
Legenden und Porträts
Band 4249

Elie Wiesel
Der fünfte Sohn
Roman
Band 4069

Elie Wiesel
Geschichten gegen die Melancholie
Die Weisheit der chassidischen Meister
Band 4296

Elie Wiesel
Gezeiten des Schweigens
Roman
Band 4154

Elie Wiesel
Die Nacht
Erinnerung und Zeugnis
Vorwort von Martin Walser
Band 4488

Elie Wiesel
Der Vergessene
Roman
Band 4186

Elie Wiesel
Die Weisheit des Talmud
Geschichten und Portraits
Band 4384

HERDER / SPEKTRUM

Biografien

Doron Arazi
Itzhak Rabin – Held von Krieg und Frieden
Biographie
Band 4490
„Eine gediegene, kenntnisreiche Taschenbuch-Biographie, kein verlegerisch-kommerzieller Schnellschuß"(DIE ZEIT).

Eknath Easwaran
Der Mensch Gandhi
Sein Leben ist eine Botschaft
Band 4564
Mahatma – die „große Seele" – Gandhi, auf den spirituellen Kern und die geistige Kraft hin transparent gemacht.

Barbara Krause
Der blaue Vogel in meiner Hand
Marianne Werefkin und Alexej Jawlensky – Romanbiografie
Band 4677
Eine bewegende Lebensgeschichte von Aufopferung und Eigenständigkeit, von Leidenschaft und Kunst.

Paul Webster
Saint-Exupéry
Leben und Tod des Kleinen Prinzen
Mit 12 Fotografien
Band 4450
Die abenteuerliche Lebensgeschichte eines faszinierenden Dichters: aktuell, umfassend, unter Einbezug bisher unveröffentlichter Briefe.

Frauke Wolter
Karlheinz Böhm – Wie ein Star zum Helfer wurde
Biographie
Band 4521
Sein Kampf gegen Ungerechtigkeit und Gleichgültigkeit machen ihn zum Idol vieler.

HERDER / SPEKTRUM